Yo fui capellán del *U.S.S. Franklin*

Joseph T. O'Callahan, S.J.

Título original: *I was chaplain on the Franklin*

© 2024 de la edición, Ediciones More

Traducción y edición al cuidado de Pablo Gutiérrez
Maquetación y diseño de la cubierta: Pedro Coronado
Impreso con permiso de Naval Institute Press,
Annapolis, Maryland USA
© 1956, 1984 Society of Jesus of New England

Impresión: Estugraf, S. L.

Estaremos muy agradecidos si nos comunica cualquier error
que encuentre en este libro. Puede escribirnos a la siguiente
dirección: info@edicionesmore.es

ISBN: 978-84-122712-7-0
Depósito legal: M-25103-2024

ÍNDICE

I. UN CAPELLÁN INFORMA
A BORDO

Enero de 1945. Estaba lejos del frente de combate marítimo, al estar asignado a una misión de apoyo en Ford
Island, la perla de Pearl Harbor. Esperaba un nuevo
destino, en Filipinas. Mi hermana Alice, una monja de
Maryknoll (su nombre de religiosa es hermana Rose Ma-
rie), había sido hecha prisionera allí a principios de la
guerra, cuando los japoneses capturaron Manila. Durante
estos tres años, ni mi madre ni yo habíamos sabido nada
de ella. Ni siquiera si estaba viva o muerta.

La batalla de Manila estaba en su apogeo. A diario los
titulares nos asaltaban con matanzas a gran escala: «Los
japoneses derrotados enloquecen». Aunque «La» hubiera
sobrevivido a las primeras fases de la guerra, tales noticias
nos daban pocas esperanzas de que aún viviera. Si me
destinaran a Filipinas, podría hacer averiguaciones y tal
vez resolver la incertidumbre de mi madre que, a su modo,
era más agobiante de lo que habrían sido las peores, pero
definitivas, noticias.

Durante los dos primeros meses de 1945 esperé,
realizando la ronda habitual de tareas asignadas a un

capellán en el vasto «jugar en casa» que es la Marina en tierra. Escuché las quejas, me mezclé entre los hombres y sus oficiales en muchas pequeñas y algunas importantes misiones de reconciliación. Organizaba películas, pausas para el café y desempeñaba todas las funciones aparentemente triviales asignadas a esa madre-psicóloga-experta en eficiencia, el oficial moral no militar. Al mismo tiempo, decía misa, escuchaba confesiones e intentaba, de forma inadecuada, adaptar mis intenciones y ministerios a las necesidades de un mundo en guerra. Pero, sobre todo, esperé.

El 2 de marzo recibí del capitán John Moore, capellán de la flota del almirante Nimitz, noticias oficiosas. Las Filipinas quedaban finalmente desechadas. Me iba a llegar el despacho y no era lo que yo esperaba.

Dos horas más tarde llegaron las órdenes:

A Joseph T. O'Callahan, 087280, Teniente Comandante[1], USNR: Por la presente, queda relevado de sus deberes como Capellán en la Estación Aérea Naval de Pearl Harbor. Proceda de inmediato y sin demora, a presentarse para el servicio al Oficial al Mando del USS *Franklin* (CV-13).

A diferencia de la mayoría de las órdenes de la Armada, estas órdenes de despacho significaban exactamente lo que decían. La terminología de la Armada ha adquirido

[1] Equivalente a Capitán de Corbeta en la Armada Española. (Todas las notas son del traductor).

con los años una precisión casi jurídica, a menudo muy distinta del significado ordinario de las palabras. «Proceda» significa «Vaya dentro de cuatro días sin contar el tiempo de viaje». «Proceder inmediatamente» reduce el periodo de preparación a cuarenta y ocho horas. Pero cuando a esto se añade la frase «sin demora», se informa el mismo día en que se recibe la orden.

Se buscaba un capellán para un portaaviones a punto de zarpar hacia la zona de combate, un capellán familiarizado con los portaeronaves y que no fuera novato en el combate. Las órdenes de combate siempre son bienvenidas, pero para mí, en 1945 eran decididamente una segunda opción. Las noticias de mi hermana debían esperar.

En otro sentido también, el *Franklin* era una segunda opción. El *USS Ranger* fue mi primer barco.

Cualquiera que sea el buque al que uno esté asignado, ya sea un portaaviones o un crucero, un acorazado o un destructor, se le debe lealtad y se espera de él un afecto especial. Cada buque tiene una personalidad, una individualidad, que es una destilación de los mejores rasgos de las personas individuales que componen su tripulación. Todo buque de la Armada tiene derecho a esperar que las personas asignadas a su servicio aporten algo a su espíritu y le brinden tanto su lealtad como su afecto.

Para cualquier marino, el trabajo en el mar es naturalmente preferible al trabajo en tierra y, para quien ha estado relacionado con la aviación naval, los portaaviones son superiores a cualquier otro buque. Son las reinas de la flota, las damas de la lucha, siempre en el centro de la batalla.

Pero ningún barco, ni siquiera las reinas de la flota, esperaría una lealtad tan extrema como para exigir que cualquier miembro de su tripulación olvidara que «el primer barco es el primer amor». El *Ranger* había sido mi primer barco. Siempre será mi primer amor. En esto no hay diferencia entre cualquier otro marino y yo.

Desde el día en que entré en la Armada, busqué el mar y quería estar a bordo de un portaaviones. Ya había trabajado a bordo de un portaaviones; ese portaaviones era el *Ranger*.

Había esperado mucho. Mi primer período de servicio fue en la Escuela Aérea Naval de Pensacola. En los dieciocho meses que pasé allí aprendí los procedimientos navales y adquirí la familiaridad más básica con la aviación naval. Había hecho muchos amigos: jefes administrativos que ahora eran capitanes y oficiales ejecutivos de portaaviones; instructores de aviación que ahora, en la guerra, eran los jefes de escuadrón de los aviones que volaban desde los portaviones al combate; muchos cientos de cadetes que habían conseguido sus alas en Pensacola y que ahora pilotaban esos aviones de combate desde los portaaviones; otros cientos de mecánicos y metalúrgicos y radio operadores, los chaquetas azules y los jefes que mantenían esos aviones de portaaviones en buenas condiciones de vuelo.

Después del día de Pearl Harbor, la mayoría de mis amigos de la Marina de Pensacola acudieron a la guerra en portaaviones. Con el tiempo y felizmente, mis órdenes de embarcar en el *Ranger* me permitieron unirme a algunos de ellos. Aunque en Pensacola había aprendido algo de los procedimientos de la Armada y cuestiones básicas de la aviación embarcada, antes de subir a bordo del *Ranger* era novato en cuanto al trato con los buques, y al menos en este caso, la novedad era ignorancia.

«Suba a bordo, mire al frente así; a su derecha está estribor; el otro lado es babor». Con tan jocoserias instrucciones, la Marina de Pensacola me había adoctrinado en mi destino en tierra firme. Admito que esta regla es fácil de recordar, pero no me resultó fácil aplicarla. Cuando me presenté a bordo del *Ranger* me encontré en una cubierta de hangar tan grande y simétrica que no podía distinguir entre proa y popa.

Confío en que haya podido ser un buen alumno para la tripulación del *Ranger*. Encontré instructores dispuestos y expertos, en particular Scotty, el electricista, y Vermersch, el carpintero, y el joven Peterson, el artillero que murió desangrado en su bombardero cuando regresaba de un ataque en Casablanca.

Como ya he dicho, un buque adquiere un espíritu que es una especie de *Gestalt*, un todo superior a los mejores rasgos de toda su dotación. El espíritu del *Ranger* era excelente. Desde la tropa, pasando por los oficiales subalternos y de menor rango, hasta Andy, el oficial de aviación, Johnny Hoskins, el oficial ejecutivo, y el capitán Cal Durgin, el comandante; de todos ellos el *Ranger* derivaba su grandeza.

El *Ranger* rara vez aparecía en los titulares, y sus alabanzas no se cantan en el folclore de la Marina, como ocurre con otros portaaviones. Por muy peligrosas que fueran sus misiones de guerra, no eran tan espectaculares como las de otros buques. Pero no necesitaba titulares para ser un gran buque. Navegó por el Atlántico desde el Ártico hasta el Ecuador. A bordo de él esquivamos torpedos y participamos en la invasión del norte de África, y compartíamos sus tribulaciones en las incursiones contra los alemanes en Noruega.

Hace tiempo que el *Ranger* fue retirado del servicio y vendido como chatarra, y el público no sabe nada del vacío que dejó en los corazones de quienes formábamos parte de su tripulación. Sin embargo, en cierto sentido, el *Ranger* participó en las glorias de los nuevos portaaviones. Creo que todos los portaaviones de primera línea construidos durante la guerra recibieron una gran dotación de hombres formados en el *Ranger*. Si los nuevos buques tenían el espíritu de los viejos portaaviones, ello se debía, al menos en parte, a su simple grandeza.

A bordo del *Ranger* pasé dos años y medio de guerra. Salvo breves periodos de revisión en los astilleros, estuvimos constantemente en aguas de combate. Creo que el mejor trabajo de mi carrera en la Marina lo realicé a bordo de él. Y si nadie lo sabe, excepto los propios hombres del *Ranger*, así es como debe ser. Por accidente de la publicidad, mi trabajo a bordo del *Franklin* es bien conocido, pero el mérito de ese trabajo tiene una doble fuente: el mérito sacerdotal se debe a mis largos años de formación jesuita; el mérito naval se debe a mi vida en el portaaviones a bordo del *Ranger* bajo el mando de Johnny Hoskins y Cal Durgin.

Incluso con mi preaviso extraoficial, las órdenes de mi destino en el *Franklin* no me dejaron mucho tiempo para hacer la maleta o despedirme de los amigos. La mayor parte del tiempo lo empleé en realizar el engorroso proceso de separación formal de mi destino entonces en la estación aérea. Hubo que omitir las despedidas, y no pocos amigos apenas se enteraron de que me había ido antes de saber que había regresado.

Me despedí personalmente y presenté mis respetos oficiales al capitán Peterson, oficial al mando en Ford Island. Encontré tiempo para telefonear al capellán del distrito, el padre Maurice Sheehy, para despedirme y pedirle un favor. En su puesto oiría hablar de los rescatados de las prisiones japonesas. Quizá oyera hablar de mi hermana y pudiera ayudarla si estuviera viva. Entonces hice mi maleta y mi cofre marino y acudí a «Fox Two».

La seguridad en tiempos de guerra hizo necesaria la prohibición de publicación de mapas que revelaran la ubicación de los numerosos muelles y atracaderos de Pearl Harbor. El enemigo nunca sería capaz de descifrar la peculiar designación por la que se conocía a un solo muelle, y sin embargo su identidad no estaba oculta bajo sutiles nomenclaturas ideadas por expertos en contraespionaje. Sólo el hábito rutinario de la Marina era responsable de nombres familiares para toda la Armada, pero misteriosos para cualquier otra persona. La palabra «Ford» empieza por la letra f, y la palabra señal de la Marina para la f es «fox». Con peculiar lógica, por tanto, los muelles de la isla Ford siempre se llamaron «Fox Docks». Ni una sola vez oí hablar de un muelle de la isla Ford. «Fox Two» era conciso y claro para todos los familiarizados con la jerga de la Marina.

No era un día de visita en Fox Two; ¡era la pesadilla de los estibadores! Las cajas estaban apiladas en lo alto, marcadas audazmente con «CV13», las letras en clave del *Franklin*. En el muelle, los camiones descargaban bidones de proyectiles, munición para los cañones antiaéreos de veinte y cuarenta milímetros. Un depósito de municiones de pequeño calibre se levantaba en el muelle. Los aviones, normalmente tan gráciles en el aire, su medio normal, ahora se tambaleaban y sacudían torpemente en ese mismo medio al final de la grúa del barco. Estaban en el aire, pero no en él, atados, inmovilizados y retorciéndose de indignidad. Los aviones tenían la prioridad en la grúa, y cientos de sacos de patatas, de col, de azúcar y de harina tuvieron que ser transportados a bordo a mano.

Dos pasarelas unían el muelle con el barco. A través de la primera, una cadena interminable de hombres transportaba provisiones. En la otra, un grupo similar cargaba municiones. Intentando no perturbar el ritmo de los muchachos que transportaban sus pesadas cargas, me colé en la fila de la pasarela de proa y me presenté oficialmente a bordo del *Franklin* entre dos sacos de patatas.

«Permiso para subir a bordo, señor, presentándose al servicio». Incluso en medio del alboroto de los preparativos de última hora para hacerse a la mar, las cortesías de la Marina no se olvidan. El oficial del día, de guardia en el alcázar, respondió con elegancia a mi saludo.

El alcázar, como sabe cualquiera que haya leído una sola historia del mar, es una parte muy oficial, formal, casi sagrada del barco. Sin embargo, no todo el mundo sabe que en un portaaviones el alcázar está separado de la sección mundana del vasto espacio del hangar por una línea meramente imaginaria. Si se desplaza la línea imaginaria, también se desplaza el puente de mando. En un portaaviones, el alcázar no es una cubierta; ni siquiera es un lugar. Es simplemente una relación, una entidad difícil de definir filosóficamente, como todos los pensadores han descubierto. El alcázar está donde el oficial de cubierta diga que está. Y no se hable más.

Cuando me presenté a bordo del *Franklin*, la línea imaginaria que custodia los solemnes recintos del alcázar estaba seriamente amenazada. Las montañas de patatas, hortalizas y coles, así como los depósitos de munición de pequeño calibre, desaparecían rápidamente del muelle. Con igual rapidez aparecían nuevas montañas y nuevos vertederos en la cubierta del hangar, amenazando con engullir el alcázar. Pero la línea invisible era invencible; la majestuosidad intangible del alcázar era inviolable. A pesar del caos, había orden y autoridad. En su interior prevalecían las rúbricas intemporales del mar.

«Permiso concedido», y ese momento fue registrado oficialmente en el diario de a bordo por el oficial de cubierta: «1535 El capellán O'Callahan se presenta al servicio».

Retrasé la visita detallada a los distintos departamentos del barco hasta que los oficiales superiores estuvieran menos ocupados. Tras una breve visita de cortesía a Joe Taylor, el oficial ejecutivo, pude echar un vistazo.

En un portaaviones, la cubierta del hangar es la cubierta principal; la cubierta inferior es la segunda cubierta; y sucesivamente más abajo están la tercera y la cuarta. El número de cada cubierta por encima del nivel del hangar va precedido de un cero. Del 01 un marinero sube al 02 y, continuando, asciende en la estructura de la isla hasta llegar a las cubiertas 08 y 09. Las placas de identificación en todas las escotillas designan con precisión tanto el nivel de cubierta como el número de compartimento.

Pero en la práctica, la mayoría de las cubiertas tienen sus propios nombres especiales. Nunca he oído a nadie referirse al castillo de proa como la cubierta 01. La cubierta 02 se conoce universalmente como la cubierta de la galería. Sería una tontería hablar de la cubierta 03 para referirse a la cubierta de vuelo. Todo esto demuestra que, por muy matemáticamente bonito que sea un sistema lógico de nomenclatura, nuestro lenguaje cotidiano, aunque menos lógico, es más práctico.

La cubierta del hangar no sólo es la cubierta principal de un portaaviones, sino también el mejor punto de observación desde el que apreciar el tamaño de esta clase de buques. El hangar se extiende a lo largo de casi todo el buque, sin ninguna mampara que lo obstruya. Es un espacio cerrado tan grande como tres campos de fútbol. Es un garaje flotante donde se almacenan y reparan los aviones. Tres ascensores gigantescos elevan los aviones del hangar a la cubierta de vuelo en diez segundos. La plataforma del ascensor, cuando está a ras en posición *elevada*, comprende en realidad una sección de la zona de despegue.

Durante las operaciones de vuelo, la cubierta del hangar es un lugar importante, ruidoso y peligroso. Importante, porque los aviones son las armas más importantes de un portaaviones; ruidoso, porque los laterales del buque encierran y magnifican el rugido de muchos motores; peligroso, porque muchas hélices giran en un espacio reducido.

Cuando realicé mi primera inspección del *Franklin,* la cubierta del hangar era ruidosa, no por el rugido de los motores, sino por el ajetreo de unos cuatrocientos hombres ocupados en almacenar provisiones. Toda esta actividad era importante porque la comida y la munición son fundamentales para un buque de combate. El hangar era peligroso, pero el peligro carecía de la dignidad del combate. El peligro acechaba en un cartucho de proyectiles caído de la pila, no había peligro de volar en mil pedazos, sino de ser derribado. El peligro residía en una patata salida de una bolsa defectuosa o en un plátano caído. Deslizarse sobre un plátano es tradicionalmente la quintaesencia de la indignidad, pero extremadamente peligroso para el tobillo y la columna vertebral. Que le pregunten a los que lo han sufrido.

Los montones de provisiones y las pilas de municiones nunca llegaron a asfixiar el espacio del hangar reservado a los aviones. Casi tan rápido como el material sube a bordo, se almacenaba bajo cubierta en compartimentos adecuados, cada uno de ellos fácilmente accesible y, sin embargo, todos cuidadosamente segregados.

Un ama de casa con un apartamento muy pequeño, con limitados cubos de nevera y armarios, apreciará adecuadamente este problema de almacenamiento. Ha vuelto del supermercado cargada de bultos. Ahora bien, ¿dónde puede guardar estos montones de artículos, que en estos momentos desbordan la mesa de la cocina?

El oficial de suministros de un portaaviones tiene un dolor de cabeza de ama de llaves muchas veces intensificado. Debe tener a mano alimentos para diez mil comidas cada día. Cuando recibe un nuevo cargamento de provisiones, debe conseguir lo suficiente para ocho semanas. Y su supermercado –el Almacén General de la Marina– hace sus entregas en el último momento posible. El oficial de suministros tiene la tarea de almacenar sistemáticamente estas cantidades abrumadoras de provisiones bajo cubierta y debe tener todo en orden antes de hacerse a la mar.

Poco antes de la hora de salida, la sección de popa de la cubierta del hangar parece un almacén de la industria pesada. Aquí hay decenas de motores de avión extra, alas extra y cajas de piezas de avión en cantidad y diversidad suficientes para construir muchos aviones nuevos y garantizar la reparación adecuada de los aviones de la zona de proa, sean cuales sean los daños de combate u operativos. Todo este material debe almacenarse bajo cubierta antes de que el buque se haga a la mar. Pero primero hay que catalogar cuidadosamente cada artículo para que cuando se necesite se pueda encontrar con un mínimo de retraso.

El oficial de suministros tiene la responsabilidad, pero el trabajo manual real lo realiza la marinería. Tres mil hombres habían soñado o esperado unas vacaciones en Waikiki el día anterior a nuestra partida hacia la zona de guerra, pero ahora no son veraneantes; son estibadores. No les gusta ni la perspectiva ni el trabajo. Pero lo hacen. Cuando se llega a conocer bien a estos muchachos, se puede saber con sólo observar la forma en que llevan sus sacos de harina si están simplemente disgustados o son morosamente mezquinos. Afortunadamente, sus quejas son sanas quejas americanas, no gruñidos.

Mucha gente olvida que, además del combate real, hay mucho trabajo duro y desagradable a bordo de los barcos. Ese trabajo lo hacen estos muchachos. Si pudieran evitar el peligro de la guerra y pudieran librarse de este servicio por el que reciben 90 dólares al mes, por estas tareas incidentales y desagradables, se les pagaría unos 90 dólares a la semana.

Afortunadamente para la satisfacción humana, las desigualdades lejanas causan menos impresión en la mente que las pequeñas igualdades presentes. En la fila de hombres que cargan provisiones, nadie trabaja más que nadie. Ningún miembro de la tripulación descansaría en la playa de Waikiki hasta que el barco estuviera completamente aprovisionado y toda la munición almacenada. Entonces, después, podría haber tiempo para un baño rápido.

A lo largo de la banda de babor del Franklin la actividad se especializa. La barcaza de combustible está soltando amarras. Durante dos horas ha estado al costado, bombeando miles de galones de petróleo a los tanques de combustible del Franklin. La bandera roja de peligro ondea desde su mástil y ondea también desde la braza de nuestro barco.

A intervalos, la voz estridente e impersonal del altavoz emitía su mensaje por encima del estruendo de la cubierta del hangar: «Está prohibido fumar en toda la nave mientras se carga el combustible. Está prohibido fumar en toda la nave»[2].

---

[2] «The smoking lamp is out throughout the ship», aviso de los antiguos barcos en que no había luz eléctrica. De ahí el comentario que realiza el autor más adelante acerca de las lámparas de humo.

La barcaza de gasolina se acerca y ocupa el lugar que acaba de dejar libre la barcaza de petróleo. Las líneas están aseguradas, las bombas se ponen en marcha y el peculiar olor a gasolina de alto octanaje [para los aviones] flota en el aire.

Con más frecuencia, más estridencia y más énfasis, el altavoz emite su orden: «Está prohibido fumar en toda la nave mientras se carga el combustible. Está prohibido fumar toda la nave».

Nunca he visto una lámpara de humo, y dudo que se haya encendido una en muchas generaciones, quizás no desde la invención de los «palillos de azufre». Pero el uso continuado de la frase «está prohibido fumar en toda la nave mientras se carga el combustible» es uno de los muchos vínculos que unen a un portaaviones moderno con los viejos tiempos de navegación y los barcos de línea. En los primeros tiempos, cuando la lámpara de humo estaba apagada, no había llama disponible con la que el viejo lobo de mar pudiera encender su pipa. En las fuertes tormentas, cuando los pequeños barcos de madera se agitaban sobre las olas, sus lámparas de humo se apagaban por seguridad. Ahora, a bordo de un tipo de buque de guerra mucho más peligroso, en momentos en que una llama o un cigarrillo encendido serían especialmente peligrosos, «la lámpara de humo está apagada». Hasta que no se vuelve a «encender» la lámpara de humo, nadie puede fumar. El encendido de la lámpara es tan mágico como la existencia del alcázar. No hay lámpara visible, ni llama física. La lámpara se crea y se enciende mediante las palabras formales del oficial de cubierta.

Un portaaviones moderno no sólo es más peligroso que cualquier buque de la flota de Farragut, o de Dewey o Sims; también es mucho más complicado. Es un aeródromo, una fortaleza y una ciudad. Es una ciudad donde viven y trabajan más de tres mil hombres. Trabajan en tantas ocupaciones diversas como las que se pueden encontrar en cualquier ciudad industrial y viven en un espacio tan reducido que, en comparación, la vivienda más abarrotada parecería espaciosa.

Los alojamientos de la tripulación se encuentran en su mayor parte en la segunda cubierta, es decir, una cubierta por debajo de la cubierta del hangar. A cada tripulante se le asigna una taquilla y una litera. Las literas están dispuestas en niveles triples, a veces cuádruples. La más baja está unos centímetros por encima de la cubierta, la más alta justo por debajo del techo, con espacio para que un hombre delgado se pueda apretujar.

Pasillos muy estrechos separan las filas de literas. Para destruir el último vestigio de intimidad, el estrecho pasillo entre estas filas de literas es el pasillo principal de proa y popa en la segunda cubierta. Un soldado a bordo de un buque de guerra tiene menos intimidad que cualquier otro ser humano conocido.

A los oficiales subalternos les va algo mejor. Los pasillos de sus literas no son principalmente pasillos. A medida que aumenta su antigüedad, el oficial descubre que su litera se contrae y se convierte en un dormitorio para cuatro personas. El aumento de rango garantiza la asignación de media habitación doble. Algunos oficiales superiores disponen de pequeñas habitaciones individuales.

Afortunadamente, en la mayoría de los casos el aumento de rango y de edad se produce a un ritmo acelerado. Así que el anciano, para quien la ausencia total de intimidad sería una carga irritante, suele disfrutar del privilegio de una habitación privada.

A los jóvenes no parece importarles la vida en común. En su mayoría disfrutan de la camaradería de la sala de literas.

La rigurosidad del servicio de mesa preocupa aún menos a los muchachos. Una querida dama, tratando de ofrecer una crítica constructiva a la Marina, sugirió que ayudaría a la moral si a la hora de comer las mesas estuvieran adornadas con manteles de lino blanco. Durante siete años en la Marina, conocí a miles de muchachos, escuché decenas de miles de quejas y lamentos, quejas de mayor o menor importancia, a veces justificadas, a veces injustificadas. Sus sugerencias abarcaban toda la gama del ingenio juvenil. Pero nunca conocí a un chaval que se hubiera dado cuenta de que las mesas del comedor no estaban vestidas.

Pero los mismos chicos estaban muy pendientes de los platos que iban a la mesa del comedor. Querían mucha comida de buena calidad y variedad adecuada.

En el Franklin, los comedores están situados en la tercera cubierta. Las cocinas de a bordo preparan diez mil comidas al día. Cocinan sólo para la marinería.

El reglamento no permite a los oficiales obtener sus comidas de estas cocinas. Los oficiales tienen a su disposición la cocina de la sala de oficiales. Cuando un buque está en puerto, o regresa a puerto, los oficiales pueden comprar para su sala de oficiales cualquier manjar que pueda complacer su paladar y su bolsillo. (Sin embargo, cuando el barco está en alta mar durante largos periodos, la comida tanto para los oficiales como para los hombres procede de los mismos almacenes del barco). La sala de oficiales puede comprar las materias primas, pero a los oficiales se les niegan las instalaciones de las cocinas del barco y la habilidad de los cocineros del barco.

Un capellán, sin embargo, tiene privilegios indirectos peculiares, especialmente en la cocina. En el *Ranger* tenía por costumbre comer una vez al día en el comedor de la marinería. Reanudé esta práctica en mi primer día a bordo del *Franklin*.

La fuente de este permiso especial era el oficial del economato. La razón por la que lo concedía de buen grado: la evidente aprobación de sus productos por parte del capellán. Cuando los chicos veían que el capellán comía en su comedor por elección propia, cualquier queja que pudieran tener intención de hacerle sobre la comida probablemente quedaba anulada. A medida que iba conociendo mejor a los muchachos, se quejaban conmigo en broma; no tanto de la comida como de mí mismo. Decían que no podía ser casualidad que yo compartiera su comedor, ya fuera el desayuno, la cena o la cena, siempre durante la mejor comida del día.

Pero nunca tuvieron pruebas adecuadas para demostrar la acusación, porque nunca tuvieron oportunidad de verme en la sala del oficial ejecutivo cada sábado por la noche. Esa noche se sometía a su aprobación el menú de todas las comidas de la semana siguiente. Al mismo tiempo, yo daba mi aprobación no oficial.

Junto a las cocinas de los comedores están las panaderías, la envidia de cualquier comunidad. De estos hornos salen cada mañana cientos de hogazas de pan, buen pan de la Armada. Desgraciadamente para la satisfacción de Estados Unidos, el arte de hacer pan casero ha sido olvidado por el mundo civil. Pero el panadero de la Marina ha conservado la habilidad.

En la panadería mi recorrido por el barco se hizo menos impersonal. Hasta entonces había sido un observador silencioso; ahora me convertí en un participante activo. Uno de los panaderos me invitó a probar el pan. Me pareció un buen lugar para terminar mi inspección del *Franklin,* y mejor que la mayoría. Me acomodé con una taza de café caliente y un trozo de pan de la Armada recién horneado para expresar tranquilamente mi aprobación. Siempre es bueno hacerse amigo del panadero.

II. HACIA LA GUERRA

La vasta composición de hombres y buques que componían la Fuerza Operativa 58 tenía una importante y peligrosa función que cumplir. La fuerza naval japonesa que había sobrevivido a la aplastante derrota de la Batalla del Mar de Filipinas se había alejado, como un resto andrajoso, y había dejado el mando del Pacífico a las armadas aliadas sin oposición. Pero, aunque estos supervivientes sólo constituyeran una lamentable fracción de la otrora orgullosa Armada Imperial, sabíamos que seguían siendo un factor a tener en cuenta, al menos un escollo que podría aumentar las pérdidas estimadas durante la inminente invasión de Okinawa, a menos que fueran eliminados de la escena. Una fría lógica estratégica nos obligaba a buscarlos allí donde se encontraran y destruirlos. Una tarea muy arriesgada, y encomendada a la Fuerza Operativa 58.

Y así, poco después del amanecer del 3 de marzo de 1945, el *Franklin* zarpó de Pearl Harbor rumbo al combate. Alrededor de media hora antes de la salida programada, los altavoces ya hacían sonar las órdenes: «¡Tripulación a sus puestos especiales!» Aproximadamente la mitad de la tripulación de cubierta del buque tomó sus posiciones preasignadas en las amarras. Cada oficial tiene a su cargo un grupo de hombres. A su lado se encuentra el «transmisor», un marinero que lleva el auricular de un teléfono de sonido. Como su nombre indica, el sonido es su fuente de energía. La energía de la palabra hablada genera la electricidad que envía el mensaje a todos los teléfonos del circuito. El uso de estos teléfonos es una medida de seguridad. Garantizan la comunicación incluso en el improbable caso de que falle la corriente eléctrica del barco.

Durante un rato, el capellán Gatlin y yo observamos las actividades en la popa. Era la primera vez en que Gats se hacía, de veras, a la mar. En su viaje de Estados Unidos a Hawai sólo había sido un pasajero. Ahora ambos formábamos parte del barco y disfrutábamos de privilegios que no se conceden a los pasajeros. Teníamos la libertad de la tripulación, con las restricciones impuestas sólo por el sentido común. Teníamos cuidado de no interferir con los que estaban trabajando.

Nuestra visita a la popa fue breve. El castillo de proa es la posición ventajosa para ver cómo se pone en marcha un barco. Por supuesto, el puente del capitán es el cuartel general de todas las operaciones marítimas en todo momento. Las decisiones y órdenes finales salen de allí. Pero bajo el mando del capitán, el primer teniente es responsable de amarrar e izar el ancla y de funciones marineras similares. Su puesto oficial en esos momentos es el castillo de proa. Gats y yo fuimos allí y vimos al capitán de corbeta[3] Robert

---

[3] Este primer teniente, bajo las órdenes del capitán de la nave es el *Lieutenant Commander*, grado equivalente a nuestro capitán de corbeta.

Downes dirigir las operaciones. Daba órdenes a su transmisor, que comunicaba los mensajes por teléfono y recibía acuses de recibo de veintitantas estaciones. La mayoría de las órdenes se daban en voz baja, sin que las oyeran ni siquiera los presentes que se hallaban a corta distancia. Pero de repente oímos una breve reprimenda: «Bowen, da la orden exactamente como te la doy. Déjame pensar a mí. Tú sólo habla, pero di las palabras que yo diga».

¡Cuántas veces había oído esa misma queja sobre los transmisores! En todos los barcos parece existir la misma dificultad. El transmisor cree que está transmitiendo el mensaje tal como lo oyó, pero utiliza algunas palabras de su propia elección. En el siguiente relevo, el mensaje recién transformado se parafrasea de nuevo, y pronto el mensaje, originalmente preciso y claro, va mutando hasta hacerse irreconocible. En una ocasión hicimos una prueba a bordo del *Ranger*. Sin que lo supieran los transmisores, se colocó una grabadora en un circuito de doce teléfonos. Se dio una serie de órdenes técnicas al primer interlocutor. Las palabras originales se grabaron junto con las distorsiones posteriores. En un caso, la palabra recibida en la duodécima estación era una contradicción directa del mensaje original. Cuando más tarde se citó a los locutores en la biblioteca para escuchar la grabación de sus voces, un muchacho sospechó que se trataba de un truco. De manera verdaderamente ilógica, admitió que la voz grabada era suya, ¡pero insistió en que él no era culpable de la distorsión del mensaje! Sólo con tales pruebas se convencieron los chicos de que era necesaria una atención extrema para una retransmisión precisa.

«Bowen, pasa la palabra exactamente como yo te la dé», ladró Robert Downes a su transmisor. Me volví hacia el capellán Gatlin: «Es posible que el joven Bowen baje a vernos antes de que acabe el día. Apuesto a que ni siquiera se da cuenta de que ha usado palabras diferentes». Este pequeño incidente del transmisor telefónico ilustra una teoría que tengo sobre las funciones del capellán. En mi opinión, gran parte de su trabajo se realiza fuera de su despacho, durante las visitas al barco. El capellán Gatlin y yo no éramos meros espectadores en el castillo de proa; éramos observadores especiales. Observábamos no sólo la mecánica de alejar un barco de los muelles, sino sobre todo las reacciones de aquellos hombres que eran nuestros nuevos feligreses. Uno llega a conocer mejor a sus feligreses en su trabajo que en su despacho. De este modo cuando se acerquen a la oficina del capellán, este podrá entenderlos mejor por haberlos visto en el barco. Ha tenido la oportunidad de hacer juicios adecuados, de saber si debe comprender o corregir. Hay menos peligro de dar demasiada credibilidad a una de las partes de una determinada historia, menos posibilidades de llevar la súplica de un muchacho a oídos oficiales cuando el chico no tiene motivos para el resentimiento. Por otra parte, si conozco los apuros del primer teniente y él lo sabe, entonces en algún otro caso en el que un chico tenga toda la razón, Robert Downes estará más abierto a una buena decisión. No creo que un capellán haga su mejor trabajo con los pies ladeados todo el día sobre la mesa de su despacho.

Pero, por supuesto, debe estar disponible muchas horas al día en su despacho. Así que cuando el *Franklin* se deslizó a través de los estrechos y la red submarina abierta, se acercó y pasó por delante de Diamond Head, y sonó la orden por el altavoz «Dejen los puestos especiales», cuando ya estábamos en mar abierto, Gats y yo fuimos a nuestro despacho en la biblioteca del barco.

La biblioteca está situada a popa, en la segunda cubierta, a estribor. Inmediatamente detrás hay un pasillo que comunica directamente con la cubierta del hangar. Pero en ese momento se estaban probando motores de avión en el hangar. Siempre es más seguro evitarlos. Además, es provechoso conocer varios pasillos entre dos puntos cualesquiera de una nave. Si un pasadizo queda bloqueado por una explosión en combate, resulta útil conocer un pasadizo alternativo. Así que Gats y yo salimos del castillo por los compartimentos de alojamiento de la infantería de marina.

El trabajo de capellán era lento. La dotación del barco sólo llevaba unos días a bordo, y las pequeñas tensiones monásticas de la vida a bordo no habían empezado a desarrollarse. Era el momento de hacer un estudio de los hombres y oficiales.

Los capellanes tienen más trato oficial con el oficial ejecutivo o segundo comandante que con cualquier otra persona a bordo. El comandante Joe Taylor era nuestro «segundo». Marina de Guerra regular, Annapolis 1927, había ganado sus alas en Pensacola en 1929. Había prestado servicio en escuadrones de patrulla y en escuadrones de caza, tanto a bordo del viejo portaaviones *Langley* como, más tarde, en el *Lexington*. En mayo de 1941, asumió el mando del Escuadrón Torpedo 5, con base en el portaaviones *Yorktown*. Poco después del ataque de Pearl

Harbor, dirigió a su escuadrón en los asaltos a las islas Gilbert y Marshall en febrero de 1942. Posteriormente participó en las incursiones sobre Salamaua y Lae y después sobre Tulagi. Tomó parte en la batalla del Mar del Coral en mayo, el primer gran enfrentamiento de la historia naval en el que los buques de superficie no intercambiaron ni un solo disparo; y que, considerando cosas más prácticas, fue la batalla en la que se frenó el avance japonés hacia el sur. Voló en la batalla de Midway, en la que la Armada japonesa sufrió su primera derrota decisiva en 350 años, batalla que puso fin a la ofensiva japonesa y restableció en cierta medida el equilibrio del poder naval en el Pacífico. Por sus servicios al mando de la Escuadrilla Torpedo 5, con base en el *Yorktown* hasta que ese portaaviones se perdió en la batalla de Midway, en junio de 1942, se le concedió una Cruz de la Marina y una Estrella de Oro en lugar de una segunda Cruz de la Marina.

Las menciones que acompañan a estos honores indican que Joe Taylor es un valiente combatiente. Cruz de la Marina:

> Por heroísmo extraordinario y conducta meritoria como Comandante de Escuadrón Torpedo en un grupo aéreo de portaaviones en acción contra las fuerzas enemigas japonesas en el puerto de Tulagi y en el Mar del Coral durante el periodo del 4 al 8 de mayo de 1942. Debido al distinguido y capaz liderazgo del Capitán de Corbeta, la alta eficiencia en combate alcanzada por las unidades bajo su mando les permitió realizar cuatro agresivos y excepcionalmente exitosos ataques, el primero en el

Puerto de Tulagi el 4 de mayo en el que al menos ocho buques enemigos japoneses fueron destruidos o severamente dañados, y más tarde, el 7 de mayo, cuando un portaaviones enemigo fue hundido; ambos enfrentamientos mantenidos frente a un intenso fuego antiaéreo. Con la oposición también de feroces ataques de cazas el 8 de mayo, y disparando desde muy corta distancia, el escuadrón del Capitán de Corbeta Taylor consiguió hundir o dañar seriamente un portaaviones enemigo japonés. Estas acciones, llevadas a cabo en constante y grave peligro, contribuyeron materialmente al éxito de nuestras fuerzas en la Batalla del Mar del Coral.

Mención de la Estrella de Oro en lugar de una segunda Cruz de la Marina:

Por su extraordinario heroísmo como Comandante del Escuadrón Torpedo en acción contra las fuerzas enemigas japonesas en Salamaua-Lae, Nueva Guinea, el 10 de marzo de 1942. Enfrentándose a un intenso fuego antiaéreo y a la oposición de cazas enemigos, el Capitán de Corbeta Taylor dirigió valientemente a su escuadrón en un ataque de bombardeo contra un portaaviones japonés, situado 30 millas más allá del objetivo previsto. Al acertar directamente en el portaaviones, él y su escuadrón no sólo destruyeron los aviones que se encontraban en cubierta, sino que también inutilizaron el buque hostil. Su destreza aérea y su extraordinario valor estaban en consonancia con las más altas tradiciones del Servicio Naval de los Estados Unidos.

Tras un período de servicio en tierra, Joe Taylor colaboró en la puesta a punto del *Franklin* y, desde su entrada en servicio en enero de 1944, desempeñó el cargo de Oficial de Aviación. Durante julio y agosto, el buque participó con sus aviones en la invasión de Guam y en los ataques contra Iwo Jima, en las operaciones de octubre frente a Formosa y en la batalla del golfo de Leyte. En estas dos últimas operaciones el *Franklin* fue alcanzado por aviones enemigos. Los daños causados en la batalla del Golfo de Leyte fueron graves.

Por su trabajo durante el incidente del Golfo de Leyte, Joe Taylor recibió la Medalla Estrella de Bronce con la siguiente mención:

> Por distinguirse por logros heroicos y meritorios durante la acción contra el enemigo el 30 de octubre de 1944, mientras servía como Oficial de Aviación en el *USS Franklin*. Después de que el buque fuera incendiado por un ataque aéreo enemigo, dirigió la retirada de los aviones en llamas en la cubierta de vuelo y la cubierta del hangar a pesar de la explosión de los tanques de gasolina y municiones. Su habilidad organizativa y profesional contribuyó al control de los incendios y al salvamento de los aviones y estuvo en todo momento en consonancia con las más altas tradiciones del Servicio Naval de los Estados Unidos.

El capellán Gatlin y yo nos enteramos poco a poco y por otras personas de que Joe Taylor ya tenía un historial de guerra sobresaliente. Por contactos personales nos enteramos de que era un hombre con el que resultaba fácil trabajar, de conversación agradable y de temperamento algo volátil. También supimos que Joe había sido ascendido a segundo comandante en enero de 1945, unos dos meses después de que el capitán Gehres tomara el mando del barco.

Les Gehres había ingresado de joven en la Milicia Naval del Estado de Nueva York, en Rochester, en 1914. Movilizado con esa unidad al estallar la Primera Guerra Mundial, el 6 de abril de 1917, fue nombrado alférez de la Reserva Naval y, tras completar el curso para reservistas en la Academia Naval de Annapolis en septiembre de 1918, recibió su nombramiento como alférez de la Marina Regular. Tras varios años de servicio rutinario, en enero de 1927 se presentó en la Estación Aérea Naval de Pensacola para recibir instrucción de vuelo, y en agosto de ese mismo año obtuvo sus alas. Como la mayoría de los aviadores navales, sirvió ininterrumpidamente en la aviación naval desde entonces, pilotando aviones de combate en el *Langley,* el *Saratoga* y el *Lexington.* Regresó a Pensacola para asumir el mando de un escuadrón de entrenamiento. En esta época también estuvo al mando de un equipo de acrobacias en el *All-American Air Maneuvers*, Miami, que ganó el trofeo al mejor equipo de acrobacias aéreas en 1936. A continuación, fue asignado a tareas de Estado Mayor a bordo del *Yorktown* y, en junio de 1938, fue nombrado oficial de aviación del *Ranger.* Tras haber prestado servicio en todos los portaaviones existentes en aquel momento, se trasladó como segundo comandante u oficial ejecutivo a Ford Island, Pearl Harbor. Cuarenta días antes del día de Pearl Harbor se le ordenó regresar a los Estados Unidos y se le dio el mando del Ala de Patrulla 4, que más tarde se ampliaría a Ala Aérea 4 de la Flota.

Las menciones que acompañan a las condecoraciones de la Legión al Mérito indican los logros del capitán Gehres. Mención de la Legión al Mérito:

> Por una conducta excepcionalmente meritoria en la prestación de servicios destacados al gobierno de los Estados Unidos como Comandante de un Ala de Patrulla y posteriormente como Comandante de un Ala Aérea de Flota en acción contra las fuerzas enemigas japonesas en las Islas Aleutianas. A pesar de las condiciones meteorológicas extremadamente desfavorables y las limitadas posibilidades de comunicación, el Comandante Gehres dirigió las operaciones de sus aviones con tan excelente habilidad táctica y buen juicio que les permitió localizar, atacar y destruir barcos e instalaciones hostiles, y proporcionar a nuestras fuerzas datos meteorológicos vitales e información detallada de las actividades enemigas. La experta capacidad profesional y la valiente devoción al deber del Comandante Gehres contribuyeron en gran medida al éxito de su mando a la hora de frustrar los planes japoneses para la invasión de las Aleutianas Orientales.

La Estrella de Oro, en lugar de una segunda Legión al Mérito, llevaba esta mención:

> Por conducta excepcionalmente meritoria –como Comandante del Ala Aérea 4 de la Flota– por su iniciativa,

buen juicio y destacado liderazgo, inició y continuó con éxito operaciones aéreas sostenidas desde las bases de las islas Aleutianas contra instalaciones japonesas. Su conducta en todo momento estuvo en consonancia con las más altas tradiciones del Servicio Naval.

Aunque el capitán Gehres estaba al mando del buque, su superior inmediato era el contralmirante Ralph Davison, al mando del Grupo Operativo de portaaviones número 2, con cuartel general a bordo del *Franklin*. Casualmente, el contralmirante Gerald Bogan también se encontraba a bordo con su estado mayor. Gerry Bogan no tenía mando oficial pero tenía órdenes de tomar el mando de este Grupo Operativo de portaaviones inmediatamente después del primer ataque.

Como había conocido brevemente al almirante Bogan algún tiempo antes, y como ahora él tenía algo de tiempo libre, al no haber asumido todavía la responsabilidad de mando real, tuvimos ocasión de charlar con frecuencia, y nos hicimos buenos amigos. Yo lo había conocido por primera vez cuando era capellán en la estación aérea de Pensacola, la cuna de la aviación naval, y cuando él estaba al mando de la nueva estación aérea de Miami. Lo recordaba especialmente porque no le gustaban los capellanes, y si no recuerdo mal, me lo dijo.

Gerald F. Bogan creció en Chicago, ingresó en Annapolis y fue nombrado alférez en junio de 1916. No fue hasta ocho años más tarde cuando comenzó el entrenamiento de vuelo en Pensacola y fue designado aviador naval en marzo de 1925. Como casi todos los veteranos, pilotó aviones desde el *Langley* cuando ese buque aún era una nave reconvertida[4]. También sirvió a bordo del *Lexington* y del *Saratoga*, asumiendo el mando de este último portaaviones en octubre de 1942. Justo antes de asumir este mando, estuvo a cargo de la creación de la Estación Aeronaval de Miami y fue su primer comandante. Fue allí donde le conocí. Felizmente, a bordo del *Franklin*, nuestras relaciones se hicieron más cordiales. Estoy seguro de que nos hicimos amigos.

Por sus servicios al mando durante las extensas operaciones en la zona del Pacífico, el almirante Bogan fue condecorado con la Legión al Mérito, la Medalla por Servicios Distinguidos, una Estrella de Oro en lugar de una segunda Medalla por Servicios Distinguidos y la Cruz de la Marina.

El contralmirante Davison era compañero de Gerry Bogan en Annapolis, pero había sido nombrado instructor de vuelo en Pensacola en 1919 y había obtenido sus alas en mayo de 1920. También él prestó servicio a bordo de los *Langley, Saratoga* y *Lexington,* así como en muchas

---

[4] Durante las primeras décadas del siglo XX, muchos portaaviones no fueron diseñados como tales, sino que se reconvirtieron en portaaviones una serie de buques que respondían a otro diseño y otra finalidad. Este es el caso del antiguo carbonero *Jupiter* que fue reconvertido en el portaaviones *Langley*, entre 1920 y 1921. En él se ejecutó el primer despegue en un portaaviones americano. [No obstante, el primer despegue de un avión desde un barco tuvo lugar en 1911, tratándose en aquel momento del crucero *Birmingham;* ejecutó la proeza el piloto americano Eugenio Ely]. En 1943 entró en servicio un nuevo portaaviones *Langley*, diseñado y construido como tal desde el principio.

estaciones aéreas de todo el país. A partir de 1939 fue jefe de estado mayor de varios almirantes de aviación en diversas misiones. En 1943 asumió por primera vez el mando de un grupo operativo de portaaviones. Por sus servicios en estos mandos fue condecorado con la Legión del Mérito, la Medalla al Servicio Distinguido y una Estrella de Oro en lugar de una segunda Medalla al Servicio Distinguido.

Era obvio que el mando a bordo del *Franklin* era un buen mando con el que afrontar los problemas, si llegaban a surgir. Pero el *Franklin*, de casi tres campos de fútbol de longitud y con una tripulación de unos tres mil trescientos marineros, en comparación con toda la Fuerza Operativa 58, era realmente muy pequeño. El *Franklin* era sólo uno de los dieciséis portaaviones, y para protegerlos había ocho acorazados, dieciséis cruceros y sesenta y tres destructores[5]. Si se tiene en cuenta que, en operaciones normales, cada buque tiene un espacio libre de unos dos mil metros a su alrededor, se hace evidente la vasta área que cubría la Fuerza Operativa 58.

Pocos, excepto los almirantes, podrían observar los buques de la unidad y correlacionarlos objetivamente. Ya se trate de un destructor, un acorazado o un portaaviones, el personal de cualquier buque asume que su barco es el

---

[5] Estrella de un Grupo Operativo. Los portaaviones eran el centro de la escuadra, que se disponía en forma de estrella. Tres o cuatro portaaviones en cada Grupo Operativo eran acompañados por un número variable de cruceros o acorazados y con unos quince o veinte destructores que se disponían alrededor de los portaaviones, avanzando así en una formación circular. Ver apéndice I.

centro en torno al cual gira todo. Sólo los astrónomos pueden tomarse en serio las increíbles distancias del universo; el resto de nosotros tenemos bastantes problemas para reducir nuestro planeta a su tamaño.

A medida que el firmamento de naves se acercaba a Japón, la vida a bordo del *Franklin se* fue asentando, las pautas empezaron a ajustarse a una estructura y a una rutina. Los escáneres giraban lentamente en el rojo crepúsculo de la sala de radar; los *blit-blah* de la cabina de radio nos informaban de que estábamos en contacto permanente con el resto de la Fuerza Operativa 58. Pero bajo cubierta, el *Franklin* se preocupaba de la rutina del trabajo, de la comida, del sueño, de la gente y de las risas.

Su tripulación se refería a él como «Big Ben», pero se expresaron algunas dudas sobre si había sido bautizado en honor a Ben Franklin. La Marina acostumbra a bautizar a los acorazados con nombres de estados, a los cruceros con nombres de ciudades y a los portaaviones con nombres de batallas o barcos antiguos. Muchos afirmaron que su nombre se debía a la batalla de Franklin, una escaramuza menor de la guerra civil entre los Estados. La verdad es que se le dio el nombre del buque insignia del almirante Farragut, con el que realizó una gira diplomática por los puertos europeos tras la Guerra de Secesión, y que llevaba el nombre de Ben Franklin.

Ben Franklin habría aprobado a nuestros aficionados científicos. Todas las tardes, justo al atardecer, cuando el trabajo del día estaba terminado y no había ningún peligro a la vista, algunos de nosotros tratábamos de ver el rayo verde. Excepto en el mar, en el Pacífico, nunca lo he visto, y sólo cuando la atmósfera estaba extraordinariamente clara. Debido a la refracción de los rayos solares en el horizonte y a la absorción de las longitudes de onda violeta y azul, justo cuando el sol se hunde bajo el horizonte con un diámetro aparente de medio metro, aparece durante un breve segundo un destello verde con un diámetro aparente de unos 20 centímetros. Algunos astrónomos dicen que quienes presencien el rayo verde deben comunicar sus impresiones a una revista astronómica. Pero en mi opinión la última palabra la dijo Julio Verne en su novela *El rayo verde*. Por supuesto, los astrónomos y yo hemos diferido antes. La escocesa Helena se negó a casarse con nadie hasta que hubiera visto el rayo verde, el destello que, según una antigua leyenda de las Highlands, una vez visto impide todo engaño en el amor debido al poder mágico que otorga para ver con claridad tanto el propio corazón como el de los demás.

Si los astrónomos no están satisfechos con esta explicación del rayo verde, seguramente no impugnarán un proverbio aún más antiguo que lo toma como símbolo del buen tiempo:

> Si alguna vez ves el rayo verde,
> tendrás mañana un buen día.

III. LA ÚLTIMA MISA

El 17 de marzo a media tarde, más o menos cuando los «New York's Finest» encabezaban el desfile por la Quinta Avenida hacia la tribuna de honor de la catedral de San Patricio, unos mil doscientos chicos se reunieron en el castillo del *Franklin*. No era una celebración del día de San Patricio. Pero, sin duda, de muchos corazones irlandeses brotó una oración para honrar a su patrón y pedir su protección. Los chicos estaban allí reunidos para rezar. Asistían a misa, y no a una misa dominical o de obligación. Sin embargo, todos los católicos a bordo estaban presentes. Los que tenían programada la guardia a esa hora la habían cambiado con los chicos protestantes para que cada uno pudiera estar presente en su respectivo servicio religioso. Para algunos era la fiesta de su patrón celestial; otros tenían por patrón a San Jorge o San Bonifacio, San Cirilo y San Metodio, Santiago o el patrón de cualquiera de las otras media docena de nacionalidades. Pero fuera cual fuera su ascendencia, eran americanos. La patrona celestial de América es la Santísima Virgen, y este sábado se iba a celebrar una misa en su honor.

Mil doscientos chicos estadounidenses abarrotaban la zona del castillo, chicos de diecisiete años en adelante. Chicos de todas las regiones del país, de pueblos pequeños y grandes ciudades, de Minot (Dakota del Norte), de San Francisco (California). Algunos eran universitarios, graduados de escuelas profesionales, médicos y abogados. Algunos eran analfabetos. Oficiales y marineros, pilotos y mecánicos, marineros y técnicos de radio: todo el conjunto de categorías y rangos, desde el más bajo hasta el más alto, estaba allí en el puente. El ayudante de camarero estaba junto al médico, el aprendiz de marinero junto al aviador experimentado. Había una representación completa del barco, más de un tercio de la dotación. Asistían a misa antes del combate. Al día siguiente, antes del amanecer se lanzaría el primer ataque ofensivo.

En la sección más adelantada del castillo había dos lonas, lo bastante grandes como para servir de velas a barcos de considerable tamaño. Ondeaban al viento como antaño lo hacían las velas de los barcos nórdicos. La lona protegía de los vientos de proa a dos mesas de comedor. En una de ellas se colocaban los ornamentos sacerdotales para la misa. La segunda mesa era el altar. A lo largo de millones de misas y siglos, el altar siempre ha sido una mesa o una tumba. Así, a través de los siglos, se ha perpetuado un doble recuerdo: la institución de la Eucaristía y la sepultura de Nuestro Señor.

La muerte, incluso en misa, incluso antes del combate. Pero diferente del horror y la amargura habituales de la muerte. «¡Come, bebe, que mañana moriremos!» ¡Qué distinto el simbolismo del altar y el cinismo de Horacio!

Comida y muerte, pero ambas en Cristo. El mantel que cubrió la mesa en su Última Cena, y la amplia sábana en la que fue embalsamado, ambos son simbolizados por los manteles de lino del altar asegurados contra el viento por chinchetas. En la parte más adelantada del barco, y elevado muy por encima de la cubierta, este altar sobre una mesa, símbolo místico de comida y sepulcro, montaña sagrada donde Jesús se transfigura y se inmola, es a la vez el Tabor y el Calvario. Mil doscientos hombres se reunieron para presenciar la transfiguración y la inmolación.

La segunda mesa contiene los accesorios que el sacerdote utilizará en la misa. El cáliz reluciente y la patena, un platillo de oro sobre el que descansa el pan para la consagración. Antiguamente era mucho más grande para contener todos los dones recogidos en las ofrendas. Pero ningún platillo puede contener la ofrenda de esta Misa, la ofrenda voluntaria de mil doscientas vidas. El corporal, una pequeña servilleta de lino sobre la que descansará a lo largo de las partes solemnes de la misa la Hostia consagrada, nuestro Señor Jesucristo. Y el velo del cáliz. Oculta a la vista, salvo en el momento culminante de los misterios, tanto el cáliz como la patena, como este día oculta el cercano pero misterioso mañana.

Sobre la mesa están también las vestiduras del sacerdote. Al ponérselas, cubre su propia personalidad y se reviste de Cristo. Cada vestidura es rica en recuerdos de lucha y muerte; y el amito, un casco espiritualmente más protector que cualquier casco de acero. «Pon, Señor, el yelmo de la salvación sobre mi cabeza para resistir los ataques del diablo».

El alba, vestidura blanca, símbolo de los puros de corazón. «Purifícame, Señor, y limpia mi corazón, para que purificado con la sangre del Cordero, pueda disfrutar de los goces eternos». La sangre fluirá pronto en el fragor de la batalla, y a partir de aquí, ¿qué? Vida eterna tras la muerte, para los caídos. ¿Para los que viven? Al menos, quiéralo Dios, un corazón purificado.

El cíngulo, el manípulo, la estola. Por último, la casulla, vestidura principal del sacerdote en misa: una «casita». Vestido con ella, el sacerdote está cerca de Dios, y por eso reza. «Oh Señor, que dijiste: 'Mi yugo es suave y mi carga ligera', haz que lo lleve de tal manera que alcance tu gracia». En efecto, la carga del sacerdote es ligera: no tiene responsabilidades mundanas, y cuenta con innumerables gracias que le ayudan a cumplir con sus obligaciones espirituales. ¿Pero y el sacerdote considerado con su rebaño? Mil doscientos a punto de enfrentarse a la muerte, cada uno de ellos una responsabilidad especial de su sacerdote, que debe esperar y rezar y trabajar y rezar de nuevo para que cada uno de los mil doscientos esté preparado para la muerte.

Empecé a vestirme para la misa y busqué a un monaguillo. En primera fila estaba el Dr. Bill Fox. Bill dudó en aceptar porque no había oficiado desde la época escolar y pensaba que había olvidado las respuestas en latín. A pesar de algunas reticencias, fue nombrado monaguillo[6]. No había motivo para avergonzarse porque el sacerdote y el médico nos conocíamos bien. En la confusión de los miles

---

[6] En la liturgia del misal romano de la época, el monaguillo iba respondiendo a las oraciones del sacerdote.

de nombres y rostros que constituyeron el nuevo mundo y la nueva parroquia cuando el sacerdote embarcó en el *Franklin*, Bill fue uno de los primeros en darse a conocer. La amistad madura rápidamente a bordo de un barco, y Bill y yo éramos íntimos amigos. Comenzó la misa. Sacerdote y monaguillo se alternaban en la recitación del Salmo de David.

Introibo ad altare Dei. Ad Deum qui laetificat juventutem meam. [Me acercaré al altar de Dios, al Dios que alegra mi juventud]. ¿A la juventud del *Franklin?* Es difícil darse cuenta, en este momento, de que antes del fin del día de mañana algunos de estos jóvenes aquí presentes habrán entrado en la alegría eterna. ¿Quiénes? ¿Cuántos?

Judica me, Deus et discerne causam meam de gente non sancta. [Júzgame, Señor, y defiende mi causa contra los malvados]. Era todo un desafío. Si Dios va a estar de nuestro lado, nosotros debemos estar en el suyo.

Ab homine iniquo et doloso erue me. [Del injusto y del malvado líbrame]. Evitar el daño eterno es mucho más importante que escapar del peligro físico. Nuestro Señor nos ofreció una interpretación autorizada de este verso de David: «No tengáis miedo a los que pueden matar el cuerpo, pero no pueden matar el alma».

Confiteor Deo. [Yo confieso ante Dios todopoderoso]. Un recordatorio de que muchos aún no se han confesado. Mejor hablar de la absolución general durante el sermón. (¿Estoy meditando las oraciones de la misa o estoy divagando en distracciones mentales? A veces es difícil distinguir). Esta es quizás la misa más importante que este sacerdote dirá en su vida. Debería decirla con especial devoción. ¿Importante? Puede que sea la última misa que diga. Es extraño, ¿no?, que uno aprecie con claridad abstracta que algunos de los aquí presentes estarán muertos mañana, pero nunca piense en incluirse a sí mismo. Tal vez yo muera mañana. (¡Eso sí que es una distracción!)

Aufer a nobis, quaesumus, Domine, iniquitates nostras ut ad Santa Sanctorum puris mereamur mentibus introire. [Aparta de nosotros, Señor, nuestras iniquidades para que merezcamos entrar en el Santo de los santos con corazón puro]. El altar como símbolo del cielo. Para algunos de los aquí presentes, quizá para mí, el símbolo pronto dará paso a la realidad. Con corazones puros, algunos de nosotros entraremos pronto en el eterno lugar del Santo de los santos.

Gloria in excelsis Deo. [Gloria a Dios en las alturas y en la tierra paz a los hombres de buena voluntad]. La paz que el mundo no puede dar, y en esta mañana no está dando.

Qui tollis peccata mundi, suscipe deprecationem nostram. [Que quitas los pecados del mundo atiende nuestras súplicas]. ¿Debemos rezar para salir vivos del combate? Seguramente no. No parece correcto rezar sólo para eso. ¿Rezar para llegar al cielo? En última instancia, toda oración va dirigida al cielo. Pero ¿por qué no una oración específica en esta misa para que tengamos gracia y fuerza en la batalla venidera para hacer un trabajo lo mejor posible para Dios y la patria? No importa lo que nos pase a nosotros mismos.

Munda cor meum, ac labia mea, omnipotens Deus, qui labia Isaiae Prophetae calculo mundasti ignito, ita me tua grata miseratione dignare mudare, ut sanctum Evangelium tuum digne valeam nuntiare. [Purifica mi corazón y mis labios, oh, Dios Todopoderoso, Tú que purificaste con una brasa los labios del profeta Isaías, y dígnate por tu misericordia purificarme a mí de tal modo que sea digno de predicar tu Evangelio].

Es hora de interrumpir la Misa, hora de predicar. Ahora más que nunca, el sacerdote necesita la ayuda de Dios para predicar bien a Cristo. Para decirles a estos chicos, y hacerles conscientes de que si Cristo está con nosotros nada más importa. O mejor, si estamos con Cristo, todo lo demás encajará en su sitio: el combate, el peligro, la muerte, incluso la victoria. El sacerdote debe predicar bien el Evangelio de Cristo a su rebaño en el castillo. Nada de sermones formales, una charla de corazón a corazón sobre la oración y la religión.

—Como todos sabemos, muchachos, mañana por la mañana comienza la lucha. Lo sabemos desde hace diez días. Y antes del combate cada uno de vosotros debería confesarse y recibir la Sagrada Comunión. Durante la semana pasada, varias horas cada día las dedicábamos a las confesiones. Puede que no os enterarais la primera vez que se dio el aviso. Pero la habréis oído a la tercera, o la quinta, o la décima. Cada día, la cola frente al despacho de los capellanes se hacía más larga a medida que más y más personas aprovechaban la oportunidad de confesarse. Hoy, la cola ocupaba la mitad del barco. Sin embargo, todavía hay varios cientos que no han recibido la absolución. Se les advirtió que no esperaran hasta el último día. Pues bien, éste *es* el último día, el último día antes de la acción. Demasiados han esperado demasiado.

Los feligreses formaban una masa abigarrada, sus cuerpos eran como una mancha borrosa de monos desteñidos, camisas grises y caquis moteadas. Los rostros estaban atentos, los pies se movían incómodos bajo la reprimenda parcial. El sacerdote no conoce ni por la cara ni por el nombre a los que no se han confesado; sólo sabe el número total de confesiones escuchadas y el total de católicos a bordo. Pero tal vez la conciencia de Mike Stepkovitch le remuerde. Quizá recuerde una reprimenda similar o más fuerte del pastor polaco cuando Mike era un chaval en el distrito de las minas de carbón de Pensilvania. Quizá Mike prometió a su madre que acudiría a recibir los sacramentos todas las semanas. Lo olvidó. Y ahora es demasiado tarde.

Jim Patterson se toma la reprimenda como algo personal. La última bolsa de correo que abandonó el barco en Ulithi llevaba una carta para su esposa. La carta hablaba de un nuevo capellán a bordo que le recordaba al coadjutor de Santa Ana en Jamaica. Jim había tenido la intención de confesarse inmediatamente después de enviar la carta, pero se retrasó y luego se olvidó. Y ahora era demasiado tarde.

Bill Birchall se siente bien. La reprimenda no se dirige a él. Se alegra de haber ido pronto, cuando la cola era corta, para no tener que esperar mucho. Pero al lado de Bill está Ed Dempsey. Se siente muy incómodo. Cambia de un pie a otro. Todo el mundo a bordo sabía que Ed era un fan de los Dodgers. Pasaba la mitad de su tiempo libre leyendo sobre los Dodgers y la otra mitad hablando de ellos. Pero cuando era miembro del Knot Hole Club, allá en Brooklyn, nunca estaba tan absorto en el béisbol como para olvidarse de la confesión los sábados por la tarde. Y aquí estaba, a trece mil millas de Brooklyn y a sólo cien millas de los aeródromos japoneses donde tenían su base los kamikazes. Ed había olvidado confesarse. Ahora era demasiado tarde.

Las instrucciones del sacerdote a su rebaño continuaban:

—Estas observaciones no son una reprimenda; son simplemente una constatación. Pero, con reprimenda o sin ella, también es un hecho que cada uno de vosotros debe recibir hoy la absolución y comulgar. Afortunadamente, existe el privilegio de la absolución general. Por tanto, prestad atención ahora a las condiciones requeridas. Obviamente, para ser eficaz, la absolución general presupone que estáis arrepentidos de los pecados que hayáis podido cometer. Si no estoy arrepentido de haber ofendido a Dios, ni Dios mismo puede perdonarme. La absolución general requiere también que, a la mayor brevedad posible, cada uno se confiese del modo habitual y cuente todos los pecados cometidos desde la última confesión regular. Esta exigencia no quita que los pecados vayan a ser verdaderamente perdonados en el momento de la absolución general. Y como los pecados van a ser perdonados, cada uno de los presentes puede y debe acercarse a la Santa Comunión en la misa de hoy. Para garantizar nuestra sinceridad, digamos juntos en voz alta el acto de contrición.

En el castillo del *Franklin* mil doscientas voces tenues se unieron al unísono, recitando frase a frase la solemne y familiar oración:

—Oh, Dios, me pesa de todo corazón de haberos ofendido, también me pesa porque podéis castigarme con las penas del infierno, ayudado de vuestra divina gracia, propongo firmemente nunca más pecar, confesarme y cumplir la penitencia que me fuera impuesta. Amén.

El sistema especial de megafonía transmitió claramente a mil doscientos hombres las palabras del sacerdote pronunciando la absolución general:

—*Ego auctoritate Ipsius vos absolvo a peccatis vestris in nomine Patris et Filii et Spiritus Sancti.*

Los ojos de mil doscientos hombres parecían reflejar la paz que viene con la gracia santificante. Mike Stepkovitch, Jim Patterson, Ed Dempsey no pudieron reprimir una suave sonrisa, reflejo de lo bien que se sentían. Había cien Mikes, Jims y Eds.

La instrucción informal continuó con el tema de la oración. El sacerdote dijo a sus muchachos que, de alguna manera, no parecía muy lógico que la oración fuera principalmente una petición para que saliéramos vivos del combate. El grupo especial estaba iniciando una operación ofensiva. Estábamos entrando deliberadamente en peligro para forzar el combate. Si nuestro objetivo principal era salir ilesos, lo mejor que podíamos hacer era quedarnos en Ford Island. No queríamos evitar la batalla; la estábamos buscando. Por lo tanto, la oración apropiada debería ser pedir la ayuda de Dios para esto: que mientras estuviéramos en la refriega pudiéramos hacer un trabajo tan bueno como fuera posible para Dios y el país.

—Esa es, compañeros y hermanos, la intención por la que hoy se ofrece esta misa. Que Dios os bendiga a todos.

El sermón ha terminado. La misa continúa. Las oraciones familiares adquieren un significado más profundo:

—Recibe, oh Padre Santo, Dios todopoderoso y eterno, esta hostia inmaculada, que yo, tu indigno siervo, te ofrezco, mi Dios vivo y verdadero, por mis innumerables pecados, faltas y omisiones; igualmente por todos los aquí presentes –por Datzman y Di Palma, por Grata y Greco, por McCauley, McDonald y Sokotowski; por Bill Fox, que como acólito participa más estrechamente en la misa– por todos los aquí presentes para que sirva tanto a mí como a ellos para la salvación y vida eterna.

En el *Orate, fratres*, el sacerdote se vuelve y se dirige a la congregación.

—Rezad, hermanos, para que mi sacrificio y el vuestro sean agradables a Dios Padre Todopoderoso.

A lo que el servidor responde en su nombre y en el de todos los demás:

—Que el Señor reciba de tus manos este sacrificio, para alabanza y gloria de su nombre, por nuestro bien y el de toda su santa Iglesia. *Suscipiat Dominus sacrificium de manibus tuis...*

El Dr. Fox se esfuerza por pronunciar las frases en latín, soltándolas como un colegial, medio tartamudeando las sílabas difíciles. (Es una oración difícil de decir, Bill, incluso cuando se recita con frecuencia. Es el *pons asinorum* para los aspirantes a monaguillos. La oración del *Suscipiat* es un trabalenguas. Te preocupaba. Esa es la verdadera razón por la que dudaste en hacer de monaguillo. Lo sé, Bill, pero me alegro de haberte insistido. Dijiste la oración tan bien como lo hubiera hecho cualquier otro).

Se acabaron las preocupaciones del acólito. Durante las partes más solemnes de la misa, el sacerdote reza solo y su ayudante se limita a arrodillarse en posición de firmes.

El sacerdote se vuelve hacia el altar. Mil doscientos rostros observan, quizá más atentos que nunca, quizá más conscientes de la sublimidad del sacrificio de la misa. Al menos en apariencia, esta misa es diferente de todas las que han presenciado en sus iglesias. Aquí no hay iglesia. Aquí el castillo de un buque de guerra es la iglesia. Rollie Baca ve la pequeña iglesia de adobe construida en estilo español, en la lejana Albuquerque. Allí el monaguillo de la misa solía ser un chico mexicano. Tony Bosco recuerda la iglesia del centro de Detroit, donde se ve el altar mayor desde cualquier asiento en tres pisos diferentes. Es una iglesia preciosa también, y aquí en el castillo sólo hay una mesa y un telón de lona que hace de paravientos. Don Simpson recuerda que es el día de San Patricio y le viene a la mente la iglesia de San Patricio de la Quinta Avenida. Sus altísimas torres se ven empequeñecidas por Radio City, justo al otro lado de la calle. Pero no por ello son menos inspiradoras. Una gran catedral en el centro de la ciudad más grande del mundo. ¡Qué diferente es la misa en el altar mayor de San Patricio de la misa en el altar mayor del *Franklin*!

El sacerdote se inclina para pronunciar las palabras de la consagración. Su casulla ondea al viento del Pacífico Norte. Todo el mundo está quieto. Se arrodilla, se levanta y eleva la Hostia. De repente, las diferencias no significan nada. La cubierta de acero, los escudos de lona, las escasas vestimentas de combate se desvanecen ante la única realidad que es la misa, ya se diga en el altar mayor o en la mesa del comedor.

IV. PORTAAVIONES EN COMBATE

18 DE MARZO. Primer día de combate. La Fuerza Operativa 58 se desplegaba alrededor de sus portaaviones. La misión encomendada era de ataque aéreo, con dos objetivos. Por la mañana, nuestros aviones debían concentrarse en derribar el poder aéreo japonés mediante combates de cazas y ataques directos a sus aeródromos. Una vez cumplido este objetivo, debían dedicar la tarde a buscar la flota japonesa paralizada que, según nuestros servicios de inteligencia, se ocultaba en los muelles del interior.

Algunas horas antes del amanecer, sonó la alarma general. Avancé a oscuras, lo más rápido que pude, por los pasillos poco iluminados y las cubiertas hasta el puente.

En la oscuridad, los hombres, vestidos para el combate y contra el frío, eran grotescas manchas de negro. Enfundados en abrigos y chaquetas, abarrotados de chalecos salvavidas y botiquines, encapuchados con cascos, envueltos en sombras, nadie parecía humano, y mucho menos reconocible. Pero al capitán Gehres sí se le podía reconocer. Es el hombre más corpulento a bordo y, por cansado o tenso que esté, se mantiene erguido. Y la gran cruz blanca de mi casco es vagamente visible. Así que no éramos unos completos extraños cuando nos cruzamos.

—Buenos días, Capitán.

—Buenos d…, ah, buenos días, Padre. ¿Espera un día ajetreado?

—Bueno, señor, a bordo del *Ranger* era bastante bueno rezando para que los torpedos se mantuvieran lejos. Al menos solía atribuirme parte del mérito de algunos de los que casi nos alcanzan. No sé cómo me irá con los kamikazes.

—Hoy saldrán a por nosotros –dijo el capitán, medio para sí. Luego, tras una pausa, continuó–. Espero que nuestra patrulla de combate de cazas se encargue de ellos y envíe los aviones suicidas a la eternidad unos minutos antes de lo que esperan.

Hizo una pausa y siguió:

—El grupo aéreo tiene buen aspecto. Parecía desaliñado los primeros días fuera de Pearl, y no se lo oculté. Pero ahora están listos y lo demostrarán.

—Son más tranquilos que otros grupos que he conocido, Capitán. Eb Parker, creo, es una influencia aleccionadora. En temperamento y apariencia, al menos, es mayor que la mayoría de los comandantes de grupo. Los jóvenes lo ven como un anciano.

—Hmm. ¿Dónde me pone eso, Padre?

Me reí.

—Bueno, señor, en la jerga de la Marina, usted es el «Viejo». Puede sacar sus propias conclusiones.

El capitán volvió a su tema principal.

—El grupo de Parker tiene hoy la oportunidad de demostrar lo que vale.

—Voy a bajar ahora, señor, a los camerinos para rezar una breve oración con los chicos antes de que despeguen.

—Bueno, no les asuste ni les retrase.

—No, señor, no creo que haya peligro de ninguna de las dos.

Volví al puente de popa, bajé por la escalerilla exterior hasta el nivel del puente del almirante y atravesé la puerta estanca que daba a la isla interior. Aquí las sombras quedaban intensificadas por la tenue luz roja, pero tal acentuación dejaba al menos una visibilidad parcial.

La advertencia del capitán de no asustar a los pilotos tenía sentido. Un capellán a punto de visitar las salas de espera para rezar con los pilotos, que ya han sido «informados» y están esperando para despegar, no trata de escenificar un drama. Está viviendo un drama real. Mejor que minimice su papel. Existe el peligro real de fracasar en su tarea de ofrecer ayuda espiritual y conseguir únicamente que todo el mundo se sienta incómodo. «Id, héroes, id a la muerte y a la gloria», podría tener cabida en la ópera, pero esto no es una ópera. En cierto modo, es similar a un gran partido de fútbol, pero terriblemente más importante. Como cualquier otro niño estadounidense, yo era muy aficionado al fútbol; era la época en que Knute Rockne era un nombre idolatrado por todos los amantes de este deporte. Puede parecer extraño, pero es un hecho, que mientras me dirigía a las salas de preparación pensaba en Knute Rockne, y quería ser como él, en menor medida, pero en un asunto mucho más importante. En el ámbito espiritual, quería hacer por estos muchachos que estaban a punto de enfrentarse a la muerte lo que Knute podía hacer por su equipo cuando estaba a punto de enfrentarse al equipo del Ejército o de la Marina. No podía, no quería ser frívolo; y sin embargo no debía ser demasiado serio. Todos sabían que era un asunto serio, y no había necesidad de enfatizar lo obvio. Un efecto sándwich parecía apropiado: un toque ligero, buena y sólida carne religiosa, y luego otro toque ligero.

Fui primero al escuadrón del mayor Bailey, los pilotos de combate de la Infantería de Marina.

—Hola, Padre. No hay ensayo del coro hoy, demasiado trabajo.

¡El comentario perfecto! Se refería a un coro de Pascua que este escuadrón estaba organizando para mí, y la broma era justo el toque ligero que necesitaba.

—De acuerdo, si insistes en cancelar el ensayo del coro, yo insisto en llegar a un acuerdo. Si no cantáis, al menos os haré rezar. En serio, compañeros, voy a ir a todas las salas para rezar una breve oración y dar la absolución general. Esta absolución es para los chicos católicos, pero os dejaremos participar a los no católicos, ¡os garantizo que no dolerá! Todos vosotros conocéis el Padre Nuestro; recémoslo deprisa, pero con reverencia: «Padre nuestro... Venga a nosotros tu Reino... Hágase tu voluntad... Perdona nuestras ofensas... Líbranos del mal. Y ahora el acto de contrición».

Yo recitaba la oración en voz alta, y aquí y allá por las salas de preparación una voz captaba las frases familiares, un chico se unía y no se daba cuenta de que estaba rezando en voz alta: «Dios mío, me pesa de todo corazón haberos ofendido, y detesto todos mis pecados... sobre todo porque te ofenden a Ti, mi Dios, que eres todo bondad y mereces todo mi amor. Resuelvo firmemente... nunca más pecar, confesar y cumplir la penitencia que me fuere impuesta. Amén». Y luego, en medio de un silencio solemne, las palabras de la absolución, que el sacerdote pronuncia, no a título personal, sino en nombre y por la autoridad de Jesucristo: *Ego... vos absolvo.* [Yo te absuelvo de tus pecados en el Nombre del Padre y del Hijo y del Espíritu Santo. Amén]».

Sea cual sea la fe de estos muchachos —en el caso de algunos hay muy poca fe, en el de otros hay una adhesión sincera a alguna secta protestante— todos se unen a sus compañeros católicos en la apreciación de la importancia de este momento de oración. Como me dijo uno de los muchachos después de la acción:

—No sé mucho de vuestras ceremonias ni de esta absolución general, pero hice volar mi avión desde la cubierta con la vaga sensación de que las cuentas espirituales habían quedado debidamente saldadas. Lo había arreglado todo con Dios y, por lo tanto, todo estaba bien.

Me gusta que los chicos queden profundamente impresionados, pero no quiero que confundan religión con emoción piadosa. No quiero dejarles en un plano emocional. Así que:

—Muy bien, compañeros, no se tarda mucho en rezar una oración sincera. Yo me encargo ya de esa parte del trabajo; a partir de ahora vosotros concentraos en vuestra especialidad. Quiero que hagáis un buen trabajo. Buena suerte, que Dios os acompañe, y no os quedéis roncos gritando con vuestros impactos; recordad que no podemos aplazar indefinidamente ese ensayo del coro.

Al salir de la sala de espera, cumplí mi promesa y recé una oración más para que mis muchachos tuvieran éxito en «impactar» al enemigo y para que ellos mismos no fueran derribados.

Al dejar a los marines, fui a la sala de preparación de cazas de la Armada. Allí estaba el escuadrón comandado por el capitán de corbeta Kilpatrick. Sobresaliente piloto de caza él mismo, había entrenado un escuadrón que prometía destacar. Volví a hacer el mismo esfuerzo por combinar solemnidad y ligereza. A continuación, me dirigí a los pilotos de bombarderos y al escuadrón de torpederos. Y luego, a mis chicos especiales, los aviadores sin graduación, los artilleros de cola, los bombarderos y los radiotelegrafistas, los técnicos, los jóvenes enlistados que asumen todos los riesgos y no siempre reciben su parte de gloria. Pero recibieron su parte de oraciones. Si el tiempo me hubiera permitido visitar un solo camarote, creo que habría ido a verlos. Afortunadamente, sin embargo, conocía el horario de vuelo y me ocupé de visitar todos los pañoles en el orden de salida.

Pero no había visto a Eb, el comandante E. B. Parker, el comandante del grupo aéreo a cargo de todos los escuadrones. Una visita a su oficina era práctica rutinaria cada mañana durante los cuarteles generales. Su ayudante Kasch preparaba un café excelente. De hecho, el café era tan bueno, y la compañía tan agradable, que cuando sonaba la señal de «Fin de zafarrancho de combate» al amanecer, hacía otra visita para tomar otra taza rápida antes del desayuno. Esta mañana los puestos de combate no eran rutinarios; razón de más, pues, para querer café. Además, quería ver a Eb antes de que despegara. Tenía una medalla de San Cristóbal que me había pedido varios días antes. No me había olvidado, pero ya había retrasado la entrega demasiado. Mi vida en la Marina me ha enseñado que hay muchos no católicos, sobre todo aviadores, que sienten devoción por San Cristóbal. En realidad, tengo una disputa que arreglar con San Cristóbal a propósito de la aviación, como le dije a Eb.

Sorbiendo mi café, le di la medalla.

—Eb, San Cristóbal es un santo muy venerado y un buen tipo, pero aquí, entre nosotros, creo que se ha colado en la aviación.

Hacía tiempo que Eb se había acostumbrado a mi costumbre de iniciar una conversación como si estuviera en medio de un acertijo. La expresión de su rostro largo y aparentemente solemne no cambió ni un ápice; dio un sorbo a su café, gruñó y esperó. —Me refiero a esto. Por decreto oficial, se supone que Nuestra Señora de Loreto es la patrona de los aviadores, y o bien San Cristóbal está intentando colarse, o aún no sabe que las elecciones han terminado y los votos están contados.

—Mire, Padre, no me meta en esto; soy un simple protestante que siempre lleva una medalla de San Cristóbal. Y gracias por ésta.

—Ok, Eb. Que Dios te bendiga y que San Cristóbal te traiga de vuelta sano y salvo. Pero sigo insistiendo en que no es el patrón de los aviadores.

Creo que una conversación así no podría tener lugar fuera de las fuerzas armadas. Aquí existe una camaradería y una complicidad que los civiles no comparten. Me parece que los civiles se sienten demasiado incómodos con las cuestiones religiosas y, en particular, con las diferencias de credo. No me gusta sentirme incómodo. En la Marina, aunque a veces discutíamos sobre religión, teníamos una comprensión y un respeto fundamentales por la sinceridad religiosa de nuestros amigos. Estos amigos míos –y muchos de ellos no son católicos– me conocen como sacerdote católico; saben que soy sincero al respecto, que no escondo mi religión en la manga, que aprecio las bromas que algunas personas estiradas podrían considerar irreverentes. No es irreverente. Puedo bromear sobre cosas celestiales precisamente porque el cielo es muy importante para mí, como un hombre bromea sobre su mujer, a la que quiere de verdad. Bromear sobre las cosas que amamos y sentimos profundamente no es, quizá, recomendable para todas las ocasiones, pero es un deporte muy antiguo y una reacción natural y muy humana.

Como para confirmar la veracidad de estas reflexiones, el Dr. Sam Sherman entró en el despacho de Eb para saludarle, desearle lo mejor y tomarse su café. Sam era uno de los pocos oficiales del *Franklin* al que conocía antes de embarcar. Había ingresado en la Marina poco después de Pearl Harbor, dejando atrás su trabajo en San Francisco. Como me conocía de antes, y como un capellán llamado Joseph Timothy O'Callahan era, obviamente, un sacerdote católico, y como, siendo él mismo judío, veía que nadie podía ofenderse, Sam me había apodado «rabino Tim». En momentos extraoficiales y confidenciales, mis amigos íntimos de a bordo me llamaban «rabino Tim». Otro ejemplo de desenvoltura en cuestiones religiosas.

Sam no se dejaba caer por el despacho de Eb simplemente para tomar un café. Como cirujano de vuelo del grupo aéreo, velaba por la salud de todos los aviadores. El comandante Parker, justo ahora, era su preocupación especial. Eb tenía un fuerte resfriado, y volar a gran altitud no era, precisamente, lo mejor para los resfriados. Pero ningún resfriado obligaría a Eb a quedarse en tierra el día en que su grupo aéreo iba a realizar su primer ataque contra el enemigo.

La conversación en el despacho de Eb Parker derivó hacia una evaluación de los últimos acontecimientos. Durante la noche la flota se había acercado a cien millas de Kyushu. Durante las horas de oscuridad, los aviones japoneses habían estado rastreando la zona. Nuestro radar los había detectado, a veces uno, a veces tantos como doce. El grupo de cazas nocturnos del *Independence* también estuvo en el aire durante la noche, pero no atacaron. Un ataque habría revelado nuestra posición.

—¿Por qué los japoneses no lanzan bengalas? No necesitan un radar para encontrar una flota de este tamaño.

—No me preguntes, Sam. Estoy muy ocupado dirigiendo a mis pilotos sin ser responsable de lo que hagan o dejen de hacer los japoneses.

Sólo los que entienden el funcionamiento de la mente japonesa pueden explicar por qué sus aviones de búsqueda no lanzaron bengalas. Nuestra fuerza se extendía en un radio de cincuenta millas por el océano. Una bengala lanzada en cualquier lugar de esa zona habría revelado al menos un barco.

Me guiaba un doble interés en su conversación: la curiosidad normal de saber todo lo posible sobre la acción, y el afán de un periodista por recoger todos los temas de interés para su audiencia. Yo iba a ser el locutor durante el día en el sistema de megafonía del barco. A bordo de un buque de guerra no es raro que un capellán actúe como locutor durante la acción. El objetivo de estos noticiarios no es hacer de la guerra un juego, sino llevar la guerra directamente a los miles de hombres cuyos puestos de combate están bajo cubierta. Al mantenerlos informados, se convierten en una parte más cercana de un equipo unificado de combate. Así que mi puesto de combate era el puente, con libertad de movimiento por todo el barco. Durante la acción, mi deber específico, aunque muy secundario, era permanecer observando y absorbiendo y, cuando era conveniente, transmitir un comentario sobre la batalla.

No era una misión nueva. Era una vieja misión en un nuevo barco. Hacía mucho tiempo, en el *Ranger,* durante la invasión del norte de África, Cal Durgin había sugerido una emisión así. El trabajo de un capellán en la batalla es aliviar a los heridos, atender a los moribundos, rezar con y por los aviadores que están a punto de volar al combate. Siempre hubo acuerdo en que las obligaciones religiosas eran mi prioridad. Pero cuando no desempeñaba el papel profesional de sacerdote, era un locutor aficionado.

Habíamos hablado de los acontecimientos de la noche y era hora de que me marchara. Cuando salí de la oficina, Sam estaba tratando a Eb con un brebaje cabalístico que los cirujanos de vuelo utilizan para que los aviadores reaccionen como si disfrutaran de resfriados a gran altitud.

—¡Pilotos, suban a sus aviones! ¡Pilotos, suban a sus aviones! Aseguren las cuñas de las ruedas y todo el equipo suelto en la cubierta. Preparen motores para arrancar.

Me apresuré a subir al puente y llegué allí para oír el «megáfono» con la orden: «Preparen motores». El megáfono, un altavoz enorme, amplifica los tonos agudos de la voz humana y hace que las órdenes sean audibles en la cabina de vuelo a pesar del rugido de los motores.

En el puente, la luz del amanecer hacía visibles a algunos individuos. Lo que había sido un trozo de oscuridad ahora era Henry Hale, el oficial aviador, que observaba con tensión la confusión ordenada de sus mandos que corrían por la cubierta de vuelo. Pero aún no era realmente de día: todavía se veían las llamas azules que salían de los tubos de escape de los motores mientras los aviones se calentaban. También se veían algunas estrellas, pero muy pocas como para augurar un día despejado.

Para alejarme del ruido de treinta motores rugientes, entré en la sala de mapas del navegante. Mi presencia en este espacio tan concurrido y reducido fue tolerada principalmente por mi papel de locutor.

El mapa mostraba nuestra posición actual, a menos de cien millas del continente japonés, a menos de media hora de vuelo para nuestros cazas y bombarderos hasta los aeródromos japoneses de Kagoshima e Izumi, en la isla de Kyushu. El asistente del navegante hizo una última comprobación de la posición prevista del barco para dentro de noventa minutos. En noventa minutos, los aviones de nuestro primer vuelo regresarían al portaaviones. En esos noventa minutos la nave recorrería unas cuarenta y cinco millas, pero no en una sola dirección durante mucho tiempo. Al cabo de noventa minutos tendría que ajustarse exactamente al «punto de retorno» para que los aviones que regresaran pudieran encontrarla. No es tarea fácil navegar en un portaaviones.

El barco giró hacia el viento; veinte nudos soplaron sobre la cubierta, veinticinco nudos, treinta y dos. Por la megafonía sonó la señal «Despeguen aviones».

El puente ofrecía una buena vista de Fred (Red) Harris, oficial de la cubierta de vuelo. Hacía girar su bandera a cuadros cada vez más rápido, y también lo hacían cada vez más rápido las hélices y rugían los motores, hasta que el rugido alcanzó el frenesí de un quejido. «Pulgares arriba» del piloto, y un vigoroso asentimiento con la cabeza. La bandera de señales se detuvo, apuntando hacia delante. Tras miles de lanzamientos de portaaviones, el oído de Red había adquirido una sensibilidad peculiar. En el rugido quejumbroso podía distinguir el ronroneo de un motor que funcionaba bien. Su mano también había adquirido una elocuencia gestual que sería la envidia de cualquier artista. Cuando Red giraba su bandera, los motores parecían obligados a «revolucionar» en armonía; cuando Red tiraba de la bandera horizontalmente hacia delante, los aviones salían disparados hacia el centro de la cubierta como si hubiera tirado de una correa.

El avión de Parker fue el primero. Despegó justo antes de llegar al final de la pista, volando en línea recta durante un segundo hasta estar claramente fuera del barco, luego hizo un suave giro a estribor, para así romper la estela a lo largo de la cubierta. Veinte segundos después, el ala de Parker estaba en el aire. Veinte segundos después, el avión de su compañero de ala despegó. Con el mismo intervalo, los demás lo siguieron hasta que toda la carga de aviones de la cubierta estaba en el aire.

Con el último avión lanzado, el buque cambió de rumbo. Los buques de escolta, cruceros, destructores, obedeciendo a las banderas de señalización agitadas por la brisa, también viraron en formación precisa.

El lanzamiento de nuestros aviones siguió la táctica de «carga en cubierta». Los minutos son preciosos en la guerra moderna, tanto para los barcos como para los aviones. Los primeros aviones que salen de cubierta gastan una valiosa gasolina mientras, dando vueltas, esperan a que el resto del grupo se una a la formación. De ahí que sea mejor, cuando la fuerza operativa tiene muchos portaaviones, lanzar treinta aviones desde cada uno y dejar que se unan y partan hacia el objetivo enemigo. Mientras tanto, otros aviones se preparan para el siguiente ataque. Además, el buque puede controlar su avance hacia la costa enemiga. Navegar a treinta nudos en línea recta hacia la costa reduce la distancia con mucha rapidez.

En el momento en que se ha lanzado el último avión del primer ataque, se hacen los preparativos para el siguiente. El ruido penetrante de los motores ha dado paso a una multitud de ruidos menores. Suenan las campanas de aviso; una vasta zona de la cabina de vuelo desaparece. En muy pocos segundos reaparece el ascensor transportando un avión desde la cubierta del hangar.

La visibilidad es buena ahora que se acerca el amanecer. Es fascinante ver al equipo de la cubierta de vuelo corriendo ordenadamente. Ataviados con camisetas y cascos de colores brillantes, llaman la atención y desentonan a bordo de un buque de guerra donde todo lo demás está pintado de un gris apagado. Los tonos brillantes no son un efecto estético. En la cubierta de vuelo, donde la voz humana no puede competir con el ruido de los motores, se han desarrollado gestos y colores especializados para comunicar ideas. En el ajetreo de abajo, los chicos de jersey amarillo son los que manejan los aviones. A mano o con un tractor, empujan o tiran de los aviones para sacarlos del ascensor y llevarlos a sus lugares asignados en la cubierta de vuelo. Los de camiseta roja comprueban la gasolina; otros hombres de rojo llevan extintores. Los hombres de camiseta verde se arrastran por debajo de la panza del avión y comprueban los dispositivos de fijación de las bombas. Otros encargados de armamento comprueban la munición de las ametralladoras en las alas. Cuando se están colocando los aviones, la cubierta de vuelo es un lugar muy concurrido y lleno de color.

La rutina duró todo el día. Un cargamento tras otro de aviones era elevado a la cubierta de vuelo, acelerado y lanzado. Luego, la tensa espera mientras el buque, en su nueva virada, se dirigía al punto acordado donde le esperaban los aviones de combate.

Podíamos verlos llegar, un número de manchas en la distancia, pero ¡qué importante era ese número! Sin embargo, nuestras pérdidas en este primer día de combate fueron notablemente escasas y el trabajo se hizo.

Durante toda la mañana bombardeamos sus aeródromos y disparamos a sus interceptores, hasta que pudimos llevar a cabo la búsqueda de la tarde prácticamente sin oposición. A última hora de la tarde, un vuelo de aviones que regresaba informó del descubrimiento de lo que sin duda eran barcos camuflados en una zona oculta. El informe fue pronto confirmado por el reconocimiento fotográfico, pero la oscuridad ya estaba cayendo y el ataque tendría que esperar hasta la mañana.

Ese ataque sería principalmente responsabilidad del *Franklin*. Éramos el único barco que llevaba un arma recién desarrollada para su uso contra buques de guerra, los potentes cohetes *Tiny Tim*. Se esperaba que estos cohetes fueran capaces de penetrar el acero más resistente; uno de ellos podría desmembrar un barco. Los aviones del *Franklin* llevarían estos cohetes en cantidad mañana.

Había sido un día agotador, y mañana podría ser peor. Me acosté poco después del anochecer, pero no iba a dormir.

Una y otra vez, las oscuras habitaciones de literas eran sacudidas por el sonido de las fuertes alarmas, seguido de una voz por los altavoces: «Esto no es una alarma general. Repito: esta no es una llamada a los puestos de combate. Que todos los artilleros acudan a sus puestos inmediatamente». Todos, excepto los desafortunados artilleros, podían volver a dormir, si podían, sabiendo que, en algún lugar por encima de ellos, en la negrura, volaban en círculos los aviones enemigos, ansiosos por vengarse de las crueles pérdidas que les habíamos infligido.

La primera vez que me despertó una alerta de este tipo, inicié un debate a tres bandas conmigo mismo. Mis viejos y cansados huesos me decían que necesitaba dormir; mi sacerdocio me ofrecía un consejo dividido. Me decía que no podía manejar un arma, pero también me decía que debía estar presente allí donde hubiera peligro. Finalmente, el debate lo zanjó mi sentido de la decencia, que me decía que los jóvenes que habían sido llamados a los puestos estaban tan cansados como yo.

Encontré al capitán Gehres sentado en el oscuro puente acristalado.

—No hay descanso para los malvados, Les. ¿Qué está pasando?

—Objetivos enemigos. Deben haber enviado refuerzos desde el norte. Joe Taylor está en el C.I.C.[7] y reporta que hay bastantes de ellos dando vueltas. Gracias a Dios, no usan bengalas.

No quería quedarme forzando a Gehres a una conversación no deseada. Ya tenía bastante con lo suyo. Bajé al C.I.C.

Aquí las luces siempre son tenues, porque aquí están los radares de color apagado. Un banco de pantallas contra un mamparo iluminaba débilmente los rostros pálidos y tensos de los observadores. No se hablaba mucho, pero sí se fumaba mucho: bocanadas nerviosas, inhalaciones profundas.

---

[7] Centro de Información de Combate. Sala a bordo donde se recopila y analiza la información, para la toma de decisiones.

Nos seguían de cerca. Aviones no identificados, muchos de ellos sin duda enemigos, nos acechaban en la oscuridad. La forma en que aparecían y reaparecían en las pantallas era siniestra. Seguramente conocían nuestra posición, ¿o no?

Pude ver a Joe Taylor en comunicación con el puente, como lo estuvo continuamente durante toda la noche. Era una decisión difícil para el capitán Gehres y su oficial ejecutivo. ¿Debía emitirse una llamada a los puestos de combate? Si se iba a producir un ataque, ese era sin duda el único camino. Pero había un día difícil de trabajo que hacer mañana. Un gasto inútil de energía no podía tolerarse ni siquiera por razones de precaución.

Esta era la razón de las repetidas alertas. Eran una especie de compromiso: los cañones estaban listos ante la posibilidad de que uno de esos destellos luminosos en la pantalla del radar se convirtiera de repente en una realidad ruidosa y mortífera que rugiera desde la noche a través de nuestra cubierta de vuelo. Sin embargo, la mayor parte de la tripulación dormía lo que podía, antes de enfrentarse al estrés de otro día de combate.

Volví intermitentemente la mayor parte de la noche a la tensa atmósfera del C.I.C. Con cierto cansancio para mí mismo resolví mi problema personal, y cada vez que oía la alerta que despertaba a los artilleros de su sueño, el capellán, que no podía manejar un arma, al menos se levantaba.

Hacia las 02:00 las cosas se calmaron. Todos los que no estaban de guardia debían volver a la cama. Yo esperaba con gratitud al menos una hora y media de siesta ininterrumpida.

«¡Toda la tripulación a sus puestos de combate! ¡Todos a sus puestos de combate! ¡Todos a sus puestos de combate!» El altavoz chirrió la orden a todos los compartimentos de la nave. Las cornetas reemplazaron al contramaestre en el micrófono. Los altavoces amplificaron el agudo toque de la corneta que llamaba: «¡Todos a sus puestos de combate!» Las estridentes notas penetraban en el sueño más profundo del durmiente más pesado despertándolo y poniéndolo en alerta a las tres y media de la mañana. Pero la corneta sonaba sin el acompañamiento del timbre de alarma. No era un ataque enemigo. Era la llamada a los puestos de combate prevista en el plan del día. Sin embargo, era la llamada al combate.

Una luz tenue bastaba para vestirse y coger el equipo; cuanta menos luz hubiera en la habitación, más rápidamente se adaptarían los ojos a la oscuridad de las cubiertas de superficie. No era la ocasión de practicar nuevas rutas de la habitación al puente durante un apagón. Tomé el camino más fácil y conocido. Mi habitación estaba a la vuelta de la esquina, a cinco pasos de la puerta del castillo de proa por el lado de babor. Pasé por las compuertas de luz hasta la cubierta superior. La noche era oscura. Conocía el camino, pero mantenía la mano delante de la cara y las gafas para no equivocarme. Cinco pasos a babor, uno a popa, sobre la cara, la mano izquierda busca la línea guía, el pie busca el primer peldaño de la escalera al nivel de la galería. En el cuarto peldaño me agacho: aunque mi cabeza está bien protegida por el casco, una colisión con el acero de encima es desagradable. Giro en lo alto de la escalera, y vuelvo a babor, luego otra viga superior, y justo después hay que ir con cuidado –un alto desagüe– para no sufrir una dolorosa contusión en la espinilla. Atravieso el callejón, subo dos escalones –otro desagüe alto– y me encuentro en la pasarela de babor que discurre a lo largo y justo por debajo del nivel de la cubierta de vuelo.

Estaba oscuro. El amanecer no llegaría hasta dentro de una hora; pasarían más de dos horas antes de que saliera el sol. Hacía frío. Esta mañana no hace buen tiempo en Japón.

Aunque no podía ver nada, conocía la posición aproximada de los cañones de pequeño calibre que sobresalen de la pasarela. Me topo con la negrura sólida que evoluciona hacia la ropa oscura y pesada de un artillero de guardia. «Lo siento, muchacho». Sus ojos se adaptan mejor a la oscuridad.

«Está bien, Padre». Tranquilo, casi aburrido. Lleva de guardia desde medianoche. Las repetidas alarmas se han convertido en una rutina para él. Aquellos que permanecen de pie, armados y preparados bajo el cielo abierto, encuentran las alarmas nocturnas mucho menos angustiosas que las de aquellos que se desvelan en las estrechas literas bajo cubierta. Y después de todo, no nos habían atacado; tal vez no nos atacarían.

Fui a las salas de preparación antes del primer ataque, que se lanzó sobre las 5:30 horas. Otro ataque estaba programado para las 7:00. Alrededor de las 6:00 visité los camerinos y luego decidí ir a la sala de oficiales, con la intención de desayunar rápidamente mientras se lanzaba el segundo ataque y antes de que regresara el primero.

Pasé por mi habitación y me despojé de mi equipo de combate, una práctica decididamente desaconsejada durante el combate. Pero bajo cubierta todo era tan familiar, la rutina tan tranquilizadora, que uno podía pensar fácilmente que se trataba de un día normal de operaciones.

El teniente Red Morgan, maquinista jefe encargado de todas las operaciones en la cubierta del hangar, y Tommy Greene, ingeniero jefe, junto con los pocos oficiales restantes, estaban tomando un desayuno apresurado: pan frito, nuestro despectivo nombre para las tostadas francesas.

Hablamos de los sobresaltos de la noche anterior, pero muy brevemente. No teníamos mucho tiempo que perder en el desayuno. Tiempo suficiente, sin embargo, para recordarle a Tom Frasure, ayudante de camarero de primera clase, de guardia en la despensa, que no nos gustaba el pan frito, especialmente frío. Frasure sonrió con una respuesta que eludía nuestra queja sobre la temperatura de la comida. «Eso no es pan frito, señores; son tostadas francesas».

Y entonces sucedió.

V. ESTO ES

¡ESTO ES!

Sin duda alguna. ¿Cuántas veces, embarcado en un portaaviones, alguna explosión imprevista ha alertado mi mente con el pensamiento «Será esto»? ¿Cuántas veces había especulado con lo que tardaría en reconocer «esto» y pasar de «¿será esto?» al certero «¡esto es!»?

Pero cuando *esto* golpea, no hay duda. Más rápido que el eco de la explosión, la mente sabe que ha llegado el momento. ¿Fue un japonés, un kamikaze o una de nuestras propias bombas? ¿Un *Tiny Tim*?

Otro *bang*. ¿Un eco u otra explosión?

Me desplomé en el suelo del comedor de oficiales. Supongo que Gats, Tommy Greene, Red Morgan y los demás oficiales, que segundos antes me escuchaban despotricar sobre la tostada francesa, se lanzaron al suelo como yo. No lo recuerdo. Esos primeros momentos fueron dominados por el instinto, una frenética lucha por la vida. Me agazapé debajo de una mesa, protegiendo de manera absurda mi cabeza de los pedazos de vidrio que caían de las lámparas rotas. ¡Cientos de toneladas de explosivos listos para estallar, y yo protegiendo mi cabeza de trozos de vidrio! Pero seguí ese instinto ciego solo por un segundo hasta que mi mente se concentró.

¡Esto es!

Cien aviones abarrotaban las cubiertas de vuelo y de los hangares, cada avión con los depósitos de gasolina llenos hasta los topes, miles de galones de gas de alto octanaje listos para estallar en llamas. Y las bombas, de mil y dos mil libras, estaban acopladas a los aviones, apiladas en varios compartimentos por todo el barco. Y cohetes, en la cubierta de vuelo, en la cubierta del hangar, en la cubierta de abajo, ¡en esta cubierta!

La muerte instantánea estaba en todas partes, para todos, para toda la nave; muerte por incendio, explosión, desintegración.

Olvidé el tintineo de los cristales de las lámparas rotas y recordé las palabras de la absolución: *Dominus Noster Jesus Christus vos absolvat*. [Que Nuestro Señor Jesucristo te perdone]. *Ego auctoritate Ipsius vos absolvo*. [Y yo, por su autoridad, te absuelvo de tus pecados, en la medida en que tú lo necesites y yo pueda]. *In Nomine Patris et Filii et Spiritus Sancti*. [En el nombre del Padre, del Hijo y del Espíritu Santo].

Terminé la absolución general mientras seguían cayendo fragmentos de cristales rotos. El humo llegaba a la sala de oficiales desde el pasillo de babor y desde los ventiladores de babor y estribor.

En veinte segundos, más de cien hombres se agolparon en el comedor de oficiales. ¿Pero los cientos que no estaban aquí? ¿Dónde estaban? Unos mil trabajaban en la cubierta de vuelo y en los montajes de los cañones. Si su puesto era demasiado peligroso, tenían el refugio del mar abierto. Todos los demás estaban dentro del barco, donde cada compartimento era ahora, potencialmente, una tumba.

Unos trescientos tenían asignados sus deberes en la cubierta de la galería. En la cubierta del hangar, además de su dotación de cuatrocientos trabajadores, habría otros cuatrocientos en la fila del comedor esperando su turno para el desayuno; unos trescientos estarían comiendo en los diversos compartimentos del comedor de la tercera cubierta. Unos ochocientos más estarían en sus puestos en las cubiertas inferiores, en los pañoles y salas de máquinas, en los puestos de artillería y control. Más de 3.200 hombres estaban estacionados en todas las partes del barco, y ahora en cada sitio, la muerte repentina estaba a punto de golpear. Había hombres que, en ese instante, estaban exhalando su último aliento.

Pero durante unos treinta segundos no hubo más explosiones.

Era la fiesta de San José, patrón de la buena muerte. La muerte no es horrible si se convierte en una puerta hacia el Cielo; la muerte es horrible sólo si golpea mientras uno está alejado de Dios. En el día de su fiesta, San José tiene quizás una influencia especial. ¿Fue una respuesta a la oración, esta treintena de segundos de tregua?

En nuestras oraciones antes de entrar en combate, estos muchachos y yo no habíamos pedido salir indemnes, salir vivos; habíamos pedido la asistencia divina para hacer un buen trabajo por Dios y por la patria. Nos habíamos recordado mutuamente que, si llegaba la muerte, en cualquiera de sus formas, sería una muerte feliz si moríamos en amistad con Dios.

Treinta segundos no es mucho tiempo. Pero se necesita mucho menos que eso para rezar una oración. Incluso una oración muy rápida, un soplo de amor y dolor, puede ser suficiente, especialmente en conjunción con la administración del sacramento de la penitencia por parte del sacerdote. Repetí las palabras de la absolución, *ego vos absolvo*, en beneficio de aquellos que, por negligente que fuera su pasado, habían aprovechado los treinta segundos para recitar una oración rápida.

Sólo más tarde supe que, tras el breve interludio, un muro de fuego barrió toda la longitud de la cubierta del hangar y dejó a su paso los cuerpos de ochocientos muertos.

La mente reacciona rápidamente en situaciones de emergencia. Ésos eran mis pensamientos y mis oraciones cuando salí de debajo de la mesa y me planté en la sala de oficiales con algunos oficiales y cien hombres de tropa. Se respiraba un ambiente de incertidumbre, casi de pánico incipiente. Entonces, una orden clara se abrió paso entre nuestro miedo:

—Atentos todos hasta que encontremos una salida.

Reconocimos la voz de Red Morgan. Ya no era ronca; aunque calmada, tenía autoridad, la suficiente para atravesar mentes aturdidas y llamar la atención. También era un buen consejo, y todos lo seguimos. Ya fuera porque nos dimos cuenta de que era bueno o porque era una orden dada en un momento en el que todos necesitábamos el refuerzo de la autoridad, lo seguimos. Y el desastre perdió su forma, adquirió los contornos de un trabajo. Para los hombres de la sala de oficiales, el trabajo de salvar al *Franklin* comenzó cuando Red Morgan dijo: «Atentos todos hasta que encontremos una salida».

Se enviaron voluntarios para explorar las distintas salidas posibles. Miré a mi alrededor en busca de Tommy Greene, el oficial de rango superior presente. Había desaparecido con la primera explosión. ¿Había intentado llegar a la sala de máquinas principal, su puesto de combate? Desde la sala de oficiales, queda hacia popa. Para llegar tendría que pasar por lo que parecía haber sido el centro de la explosión. Recé para que lo lograra.

En segundos, el mensajero regresó desde el lado de estribor a popa. No había salida, sólo humo y llamas. Desde el lado de babor a popa, la ruta a la sala de máquinas, un denso humo se filtraba a través de un pasillo bloqueado. El lado de babor hacia proa era un callejón sin salida. La única salida era una escotilla hacia la cubierta del hangar.

De nuevo, la voz de Red: «Para salir, avanzad por el pasillo de estribor hacia adelante y subid al castillo».

Me uní a la caminata. Nadie en la sala de oficiales necesitaba ayuda; muchos en la cubierta podrían necesitarla desesperadamente. Este pasillo de estribor de la segunda cubierta me era muy familiar; era mi ruta habitual entre mi habitación en el castillo y la sala de oficiales. Es un estrecho pasillo del que salen muchos cubículos pequeños que en un buque de guerra pasan por habitaciones de oficiales. No es un pasillo recto, en parte porque se ajusta al contorno cónico general de la parte delantera del buque, en parte porque todos los pasillos están diseñados con desvíos o giros que actúan como amortiguadores de una explosión.

Más eficaces eran las dos puertas a prueba de bombas que dividían el pasadizo en pequeños compartimentos estancos. Estas puertas estaban, por supuesto, cerradas y, si alguna explosión hacía saltar las bisagras, permanecerían cerradas y nuestra única salida quedaría cortada. Estaríamos en un callejón sin salida. Sin embargo, cuando nuestro grupo las atravesó, las puertas volvieron a cerrarse cuidadosamente. Aun a riesgo de sellar nuestra tumba, nos habían entrenado para cerrar siempre las puertas de batalla durante el combate. A la larga evita mayores daños a la nave y a los hombres.

Partiendo de la sala de oficiales, pasamos inmediatamente por debajo de la sección delantera de la cubierta del hangar. A medida que avanzábamos, el pasillo giraba bruscamente a la derecha y bordeaba el foso del más adelantado de nuestros tres ascensores de aviones. Como habíamos estado lanzando aviones, sabía que el ascensor estaba en posición *elevada*, con el suelo a ras de la cubierta de vuelo. En esta posición formaba parte de la zona de despegue, y sus bordes estaban sujetos a la cubierta de vuelo por pesados tirantes de acero.

El foso que se extiende hasta el nivel de la segunda cubierta está separado del pasillo por el que tuvimos que pasar por una delgada mampara de acero. Cuando llegamos a esta parte del pasillo, todo el barco se estremeció con una poderosa explosión. Los muchachos fueron arrojados al suelo y lanzados unos contra otros.

Como en una gran tormenta, el desastre había golpeado con un viento salvaje, seguido sólo después por truenos y relámpagos. Pero este viento era llama, gasolina ardiente.

78

Partiendo de la cubierta del hangar, había irrumpido con la velocidad y la furia de un huracán.

Un soplo de ese viento abrasaba los pulmones de un hombre. El huracán siguió avanzando, dejando la cubierta del hangar llena de cadáveres. Arrugaba los aviones a su paso, mientras que cada avión daba nuevo ímpetu a la tormenta –trescientos galones de nuevo ímpetu– ¡y había cuarenta aviones aparcados en la cubierta del hangar!

De los aviones en llamas cayeron bombas y cohetes –cientos de ellos– pero la velocidad de este viento ardiente los dejó intactos. Más tarde, a su paso, fuegos más lentos podrían hacerlos saltar por los aires. El fuego había barrido toda la longitud del hangar, y los gases explosivos calientes acumularon presión en el foso del ascensor delantero.

Cuando pasamos en fila india por detrás del mamparo del ascensor, el foso abierto, separado por pocos centímetros de acero, era como un alambique tapado lleno de gases en llamas. La presión explosiva estaba atrapada entre las mamparas laterales y el pesado elevador bloqueado en la cubierta de vuelo. Algo tenía que ceder.

Una enorme explosión sacudió toda la nave. Con un fuerte golpe, el ascensor fue arrancado de sus anclajes y empujado dos o tres metros hacia arriba. El vacío posterior lo succionó y cayó desencajado en el foso. Los que escapamos de la cámara de oficiales fuimos arrojados al suelo. Perdimos el equilibrio y casi perdemos la vida. ¿Por qué no había cedido la ligera mampara en lugar del pesado ascensor? En aquel momento no nos dimos cuenta de lo cerca que habíamos estado de la muerte.

Esta explosión, que podría habernos matado, nos puso los nervios de punta. Los hombres, ansiosos por salir de aquel caluroso confinamiento de acero deformado y caliente, rompieron filas y se aglomeraron al final del pasillo. Allí había una escalera que llevaba a la cubierta principal, delante del hangar, y desde allí otra escalera conducía al castillo.

Como siempre en combate, en la parte superior de cada escalera, las escotillas estaban atrancadas, y sólo se podía acceder a las cubiertas superiores a través de los pequeños orificios de escape de emergencia construidos en cada escotilla. A lo largo del pasillo, dos o incluso tres hombres podían caminar uno al lado del otro; por la escalerilla, dos podían subir juntos. Pero el agujero de escape era un cuello de botella. Un marinero puede izarse muy rápidamente a través de tales escotillas; dos marineros juntos nunca pueden pasar por el agujero. Los cuellos de botella en situaciones de peligro provocan el pánico.

—Aquí, chicos, en fila india, de uno en uno a través de la escotilla. Ahora tú, Reilly; todos saldremos más rápido. Esperaré mi turno. Vamos, en fila india.

Como mis palabras eran claras y fuertes, inspiraban respeto y confianza. Las transmisiones de ayer, tranquilas y sin dramatismo, fueron una buena preparación. Además, gracias a las transmisiones, los hombres reconocieron mi voz.

Con calma y rapidez, nuestro grupo subió las dos escaleras y alcanzó el nivel del castillo, una cubierta por encima de la cubierta principal o hangar y dos cubiertas por encima de la sala de oficiales. El castillo abierto no había cambiado, con su habitual surtido de anclas, cadenas, cables, aparejos y cabrestantes.

Justo a popa de este espacio abierto y en el mismo nivel, estaba la sala de literas de los aviadores más jóvenes, así como muchas habitaciones de oficiales, incluida la mía. Me tomé un momento y me apresuré a ir a mi habitación. Allí recuperé el cinturón salvavidas y el casco que deberían haber estado conmigo en todo momento. Sabía que el cinturón se había agrietado a lo largo de la costura y, por lo tanto, era inútil. Lamenté entonces el descuido de no haberlo sustituido por uno en buen estado. Pero ahora no había tiempo para sustituirlo. No podía correr el riesgo de ser malinterpretado. Si ahora me ponía a buscar un cinturón salvavidas en buen estado, algunos podrían llegar a la conclusión de que había desaparecido toda esperanza para el barco. Era la primera vez que me daba cuenta de que mis acciones en esta situación de emergencia influirían mucho en los muchachos, para bien o para mal. Así que me abroché el cinturón defectuoso y esperé no necesitarlo.

Sin embargo, me alegré de llevar mi casco. Era un buen casco y podía proteger mi cráneo incluso de la metralla más pesada. Pero también era valioso por otra razón. En la parte delantera tenía pintada una gran cruz blanca que indicaba a todo el que la viera que yo era capellán. El casco era una insignia de mi cargo.

Sin embargo, hasta el casco era secundario. Abrí mi caja fuerte y saqué la ampolla que contenía los santos óleos para el sacramento de la extremaunción. Y así, ceñido con un cinturón defectuoso, con el casco con la cruz, llevando los santos óleos para los moribundos, fui en busca del trabajo que se me había confiado.

Las luces seguían encendidas en la sala de literas de los aviadores jóvenes, una gran superficie de unos 12 por 16 metros. El aire estaba cargado. No había humo, ni señales de peligro, excepto la triste evidencia de unos treinta cuerpos gravemente quemados y destrozados. Habían conseguido arrastrarse o habían sido ayudados por sus compañeros desde el puerto de proa de la cubierta del hangar hasta este lugar de relativa seguridad.

El capellán Gatlin también estaba aquí. Este era nuestro lugar: con los heridos y moribundos. ¿Había médicos? No había ninguno; tal vez ninguno vivo. Pero Mason, el farmacéutico de guardia, estaba aquí, y con él varios compañeros farmacéuticos. La sala de literas de los aviadores se convirtió en un hospital de urgencias. Los soldados eran los médicos, y los botiquines de primeros auxilios suministraban la medicación: polvo de sulfamida, gelatina y morfina.

Gats y yo vimos a cada chico herido, rezamos con él, le consolamos lo mejor que pudimos. No más de un minuto con cada uno, pero lo suficiente para darle ayuda espiritual y algo de paz mental.

¿Su religión individual? ¿Quién sabe? ¿Y quién lo preguntaría en un momento así?

—¿Quieres rezar una oración, muchacho? Recemos el Padre Nuestro. Padre nuestro, que estás en los cielos... Venga a nosotros tu Reino. Hágase tu voluntad... Perdona nuestras ofensas...

Frase a frase, un chico moribundo y el sacerdote rezan juntos. El muchacho en la cama, el sacerdote arrodillado a su lado, inclinado sobre él, apoyando una mano en la frente carbonizada o apretando una mano con firmeza. Rezamos el Padre Nuestro y después el acto de contrición.

Esta oración también le era familiar a un chico católico, y se unió a mí frase por frase. Por eso supe que era católico.

—Oh Dios mío, me pesa de todo corazón haberte ofendido, y me arrepiento de todos mis pecados... sobre todo porque te ofenden a Ti, mi Dios... Resuelvo firmemente, por tu gracia, hacer penitencia y enmendar mi vida.

Concluida la oración, le doy la absolución y le unjo con el sacramento de la extremaunción.

Para algunos, el acto de contrición era una oración nueva y quizá, por ello, aún más significativa. Éstos, que se habían unido al rezo del Padre Nuestro, escuchaban y asistían con ojos serios a esta oración de dolor, de perfecto amor a Dios. No conocían las palabras, pero en ese momento hicieron de ella su oración; sentían cada palabra que se decía. Se les llenaron los ojos de lágrimas, y también de paz. Y no pocos de aquellos muchachos, tan alertas mientras se recitaba la oración, al concluir levantaron la vista, con el asombro sereno brillando en sus ojos, y murieron en mis brazos. Cuando muera, espero ir al Cielo, y espero encontrarme con esos chicos.

Pero la paz era sólo espiritual e interna. La conflagración en la cubierta del hangar, después de haber hecho un holocausto de los aviones, había calentado las bombas y los cohetes hasta el punto de explosión. El barco temblaba como en un gran terremoto; el ruido de las explosiones paralizaba mi mente.

Otra explosión, y otra, y otra, y otra. Las luces se apagaron; nuestro hospital de literas sólo estaba iluminado por tenues lámparas de combate. Oíamos un silbido extraño y fantasmal, como el sonido de un veloz mensajero del infierno, y luego otra explosión, y otra, y otra.

—No te asustes, muchacho; sigamos con nuestras oraciones. Perdona nuestras ofensas..., líbranos del mal.

Me movía de cama en cama, tratando de parecer tranquilo, tratando de fingir que las explosiones eran sólo incidentales, tratando de no mostrar que me daba cuenta de que en cualquier momento un *Tiny Tim* podría estallar a través de los delgados mamparos que separan la cubierta del hangar de este refugio de moribundos; tratando de rezar a San José para que esta explosión final no llegara hasta que cada muchacho moribundo estuviera espiritualmente preparado para la muerte.

Y así hasta la siguiente cabecera. ¡Ojalá las explosiones no hicieran tanto ruido! Aquí, en esta cámara cerrada, sólo nos llegaba el ruido. El resto se dejaba a la imaginación. ¡Y qué tormento para la imaginación de los heridos! ¡Qué horrible debía ser cada explosión! Las mentes jóvenes luchaban contra la cordura.

—Padre, ¿están explotando los cohetes, los *Tiny Tims*?

—Tranquilo, muchacho. Probablemente es el material de veinte milímetros. O pueden ser proyectiles de cuarenta milímetros. Hacen mucho ruido cuando se disparan, y harán más ruido al explotar libres.

—Es demasiado fuerte, Padre. Demasiado alto para eso.

—Tranquilo, muchacho, tranquilo. Probablemente es sólo el material de cuarenta milímetros.

La morfina alivia el dolor corporal, embota la mente y, tal vez, ayuda a mantener la cordura. Ciertamente salva al capellán de la tentación de mentir.

Porque los *Tiny Tims estaban* explotando. Un silbido espantoso, luego otra explosión. Diez, quince, veinte en otros tantos minutos. Me incliné sobre mis pacientes y les grité al oído. Si el ruido ahogaba *por completo* la oración, entonces un chico podía sentir la presión de un apretón de manos y ver los labios en movimiento tenuemente visibles a la luz de la lámpara de batalla: «Padre nuestro, que estás en los cielos, santificado sea tu Nombre...»

El capellán Gatlin y yo continuamos atendiendo a los moribundos hasta que hubimos visto a todos los muchachos en la sala de literas de los aviadores jóvenes. Pero aquí había menos de cuarenta; en otras partes del barco debía de haber muchos más todavía vivos, muchos quizá heridos y moribundos. Había que llegar a ellos si era posible.

Gats seguiría cuidando de los chicos en el cuarto de literas y en el castillo. No podían quedarse solos. Los más alerta entre ellos debían saber que no había nada que impidiera que un cohete *Tiny Tim* se desviara hacia ese compartimento y los volara en pedazos. Y yacían indefensos en las camas de la sala de literas. Pero Gats podía mantenerlos tranquilos; para eso tenía un don especial. Lo supe porque me lo dijo en un momento:

—Joe, sólo rezo una oración: «Dios, tú sabes que tengo miedo, pero no dejes que lo demuestre. Mi trabajo es mantener a estos jóvenes tranquilos».

Esa es una buena oración; sólo alguien realista, humilde y fuerte, podría hacer una oración así. Y la oración fue abundantemente escuchada. Así que dejé a Gats para que se quedara con los chicos en la sala de literas, y salí en busca de otros que pudieran necesitar ayuda.

Tomé el pasillo exterior de estribor, la ruta más directa hacia la cubierta del hangar. Aunque la luz del día se adentraba en el pasillo, me apoyé en la mampara para mantenerme lo más alejado posible de la barandilla, no fuera que la conmoción de alguna explosión me hiciera caer por la borda. El ruido parecía ahora más terrible, quizá porque en aquel momento no estaba atendiendo a otras personas. Me acerqué a la mampara interior para aprovechar la protección que pudiera ofrecerme. Pasé entre varios muchachos que estaban en el pasillo apoyados contra la mampara. En un momento de calma entre explosiones, me dirigí a uno de ellos, pero las palabras no le llegaron. Sus ojos no enfocaban; su mandíbula estaba caída. Pasé y me encontré con otro y vi la misma expresión apagada, casi estúpida. Aquellos muchachos, como demostraron sobradamente más tarde, fueron heroicos, más allá de toda descripción. Pero en aquel momento, aunque no estaban heridos, estaban indefensos y sin ayuda, momentáneamente aturdidos, paralizados, no creo que por el miedo, sino por el asombro. El ruido de una explosión tras otra, cada estallido peor que el anterior por el horror acumulado de lo que había sucedido antes; el humo ondulante, una mortaja que cubría un barco muerto; las llamas, serpenteantes, retorciéndose hacia el cielo o azotando a proa y popa, a babor y estribor, azotando a los que se creían a salvo del centro de destrucción... todo esto era verdaderamente sobrecogedor.

Pero había trabajo que hacer, y la conciencia de ello fue como un escudo entre mí y el terror total del espectáculo. El pasillo abierto en el que me encontraba se extendía unos 80 metros a lo largo del costado de la nave y conducía a una plataforma desde la que una escalera interior descendía a la cubierta del hangar. La plataforma ofrecía una vista despejada de dicha cubierta. Ahora era una enorme llamarada, no llamas que se alzaban, sino una sólida masa de fuego. Aquí y allá, como carbones de un brillo especial, había motores de avión que brillaban con tal intensidad que su imagen hería la vista y marcaba la memoria para siempre. Nadie quedaba vivo en la cubierta del hangar. Nadie podía vivir un instante allí. Salvo una rápida oración, no podía ayudar a ninguno de los que habían muerto allí y cuyos cuerpos ya estaban consumidos.

Los motores incandescentes, que primero me llamaron la atención, eran inofensivos. En el peor de los casos, sólo podían ser misiles secundarios. Podían lanzarse a través del espacio impulsados por la fuerza de alguna explosión; ellos mismos no podían explotar. Pero en algún lugar de aquel infierno, aunque yo no podía verlos a través de las llamas, había verdaderos explosivos: muchas bombas de dos mil libras, más bombas de mil libras que se habían desprendido de los aviones en el primer incendio y que ahora rodaban por la cubierta del hangar a la espera de ser calentadas hasta alcanzar la temperatura de explosión. Pero peor que las bombas eran los cohetes *Tiny Tim*, con una potencia explosiva doce veces superior a la de nuestra bomba más grande, decenas de cohetes capaces cada uno de ellos de hacer estallar un acorazado, cohetes que no explotaban en el lugar donde se encontraban, sino que giraban en parábolas erráticas para llevar la destrucción a cualquier posible lugar. Los heridos de la sala de literas tenían razón al temer a los *Tiny Tims* más que a cualquier otra cosa.

Hacía ya media hora que las bombas y los cohetes estallaban a razón de uno por minuto. A ese ritmo, las explosiones continuarían durante casi todo el día. Pero un vistazo al horno de la cubierta del hangar me hizo pensar que las explosiones serían mucho más rápidas. No parecía haber ninguna razón para que no explotaran todas simultáneamente, y si lo hacían, la nave volaría en pedazos; si no lo hacían, sería un milagro.

No permanecí mucho tiempo en esta plataforma mirando hacia el infierno de la cubierta del hangar. Era demasiado peligroso y no ganaba nada arriesgándome. Si no podía bajar a la cubierta del hangar, entonces intentaría subir a la cubierta de vuelo. Recordé que desde el castillo había una escalera que subía hasta la cubierta de la galería y de allí a la cubierta superior. Pero las llamas hacían inaccesible esta ruta. Las llamas del incendio del hangar lamían los peldaños. Para llegar a la parte superior debía volver sobre mis pasos hasta el castillo de proa y desde allí buscar pasarelas, escaleras y pasadizos que no hubieran sido destruidos o bloqueados por el fuego. Los chicos con los que me había cruzado en el pasadizo me acompañaron hasta el castillo. Más tarde trabajarían conmigo en la cubierta de vuelo. Pasando por el castillo, hice otro viaje a mi habitación. Necesitaría mi linterna en los pasillos, ahora ennegrecidos. Me tomé mi tiempo para untarme la cara con pasta antiquemaduras y ponerme los guantes largos antiincendios. Ahora más que nunca, dependía de la cruz de mi casco para ser reconocido.

Desde el castillo de proa, subiendo y cruzando una pasarela abierta, finalmente encontré el acceso a la cubierta de vuelo de proa. Casi trescientos metros de cubierta de vuelo y casi doscientos setenta metros en llamas. No fuego sólido como abajo, sino llamas, altas como torres, levantándose más y más alto, rompiendo en todas direcciones. El humo llegaba hasta las nubes, rodaba por la cubierta y por los costados. Nos rodeaba como una capa de nubes local, pero más negra que el día más oscuro.

El humo ocultaba completamente la isla y su puente. Entonces, una grieta en la nube permitió ver al capitán Gehres en el puente, firme y de pie. Detrás de él estaba Steve Jurika, navegante. ¿Por qué no abandonan la isla antes de quedar completamente atrapados? Cuando el humo volvió a cerrarse, seguían allí. De nuevo una grieta, la misma visión, la misma pregunta, y de nuevo no se fueron. Luego una explosión. Creo que me tiró al suelo. Sé que vi metralla, motores de avión enteros e incontables trozos de acero más pequeños que salían disparados por el aire, lanzándose hacia arriba y luego hacia abajo. Más humo. ¿Seguía allí la isla? Otra visión del puente y del capitán Gehres. Esta secuencia continuó intermitentemente. Cada vez que se disipaba el humo, los que estaban en la cubierta de proa veían al capitán Gehres; cada visión daba al barco el valor que nace del ejemplo valiente.

Los treinta metros libres de llamas estaban sembrados de cadáveres: cuerpos quemados, destrozados, sangrantes;

por todas partes el hedor de la carne quemada, el sonido de gemidos profundos, la sensación helada de hombres ya muertos. Esta era nuestra cubierta de vuelo.

Sam Sherman se había hecho cargo aquí, ayudado por los siempre presentes asistentes de farmacia. Me uní a ellos para administrar el tratamiento espiritual. El primer paciente ya estaba muerto. Fui de uno a otro, una oración, una absolución, una unción. «Padre nuestro que estás en los cielos... Siento de corazón haberte ofendido... Con esta unción que nuestro Señor te perdone todos tus pecados».

Hacía frío en la cabina de proa, aunque no tanto como en la sección de popa. Si los elementos pudieran encontrar un término medio, todo era extremo: frío extremo, calor extremo y, en todas partes, coraje extremo. El frío era incómodo para todos, incluso para los que podían mantener la sangre circulando mediante la actividad; para los heridos el frío era crítico. Estaban en estado de shock físico y necesitaban calor para sobrevivir a sus heridas. Debían tener mantas. Parece extraño que la mente pase de las oraciones a las mantas. Pero no es tan extraño. La misión de los sacerdotes, ministros de Dios, no se limita a las actividades espirituales. Nuestro Señor también les encargó realizar las obras corporales de misericordia. ¿Vestir a los desnudos? Bueno, ciertamente encontrar mantas para los heridos. ¿Pero dónde encontrar mantas en medio de la devastación?

El poco trabajo que había costado conocer a fondo el barco se vio recompensado aquella mañana. Entre los heridos de la cubierta de vuelo y los del castillo se encontraba la galería de proa, donde había una sala de literas muy grande.

—Aquí, muchachos, tú, tú y tú, bajad por la pasarela de proa, que está libre de fuego y humo, e id inmediatamente abajo a la sala de literas de la galería. Que cada uno traiga dos ayudantes y entre todos traed las mantas. Si no encontráis cincuenta mantas, subid colchones, ¡y rápido! Id pronto, y volved rápido.

Sería oportuno reconocer el mérito individual de los muchachos a los que así me dirigí. Me gustaría atestiguar públicamente su presteza y espontaneidad en el cumplimiento de la tarea que tan bruscamente les asigné. Pero en aquel momento no los reconocí, y no era ocasión para presentaciones. No buscaban reconocimiento; estaban trabajando para ayudar a sus compañeros heridos, como más tarde iban a realizar hazañas de heroísmo no reconocidas para salvar su nave maltrecha.

Seguí atendiendo a los heridos, continué con las oraciones, las absoluciones, las unciones mientras llegaban mantas y colchones, suficientes para todos los heridos. Por fin el médico y el capellán habían visto a cada paciente. Hubo un momento de respiro. Sam y yo descansamos.

Cuando nos vimos por primera vez en la cubierta de vuelo delantera, nos limitamos a saludarnos con la mano, ya que nuestras respectivas tareas absorbían toda nuestra atención. Sin embargo, creo que ese gesto de la mano significaba exactamente lo mismo para ambos: «¡Gracias a Dios que estás vivo!» Pero de esas cosas no se habla, por muy profundamente que se sientan. Ahora, cuando hablábamos, era sobre cosas superficiales, impersonales. Sam estaba aturdido. Aunque su habilidad médica no estaba afectada, su mente estaba aturdida. Intentó reconstruir para mí su versión de lo ocurrido, pero le faltaban algunas piezas del rompecabezas.

De guardia como cirujano de vuelo, Sam había estado en la cubierta de vuelo junto a la isla mientras se lanzaban nuestros aviones. El rugido de los motores y el zumbido de las hélices tapaban cualquier otro sonido. No oyó la apresurada advertencia por radio, «Bogie [avión enemigo] reportado por contacto visual». No oyó al capitán decir: «Del puente al radar: compruebe si hay bogie en la pantalla». Tampoco oyó la respuesta que fue la última palabra de la sala de radar: «Radar a puente: pantalla no muestra bogie».

Sam no podía oír nada de esto. Pero, mirando hacia delante por encima de la proa del barco, Sam pudo ver, a una milla de distancia, una pequeña nube negra de techo bajo. A medida que nuestros aviones salían de la cubierta de altura, parecían elegir esta nube como marcador del cielo para el encuentro. Entonces, de la nube negra salió un avión, un bimotor. Venía directo, dirigiéndose al barco; volaba bajo, por debajo del nivel de nuestros mástiles de la isla, y rápido, a más de trescientas millas por hora. Tan rápido que el ojo no podía seguirlas, dos pequeñas bombas cayeron sobre el *Franklin*. La primera, que impactó a no muchos metros de donde se encontraba Sam, penetró en las cubiertas de vuelo y galería y explotó en el hangar. La segunda explotó bien a popa, en la cubierta de vuelo, a una distancia considerable de Sam, pero no tan lejos como para que saliera ileso. La conmoción le lanzó contra la estructura de la isla. Como permaneció inconsciente unos cuantos minutos, hubo algunas piezas de su rompecabezas que se perderían para siempre. Sam aún se preguntaba cómo estaba vivo, cómo era posible que siguiera vivo. No lo habría estado si la primera bomba japonesa, así como la segunda, hubieran explotado en la cubierta de vuelo.

Ahora capellán y médico se atendían mutuamente. En medio del fuego y las explosiones, en este momento de respiro, el médico judío y el sacerdote católico rezaron juntos una oración. Luego Sam me curó un pequeño corte en la pierna. Algunos minutos antes, tras una explosión especialmente grave, había empezado a buscar posibles víctimas, personas que pudieran haber quedado inconscientes por la explosión y que morirían si no eran arrastradas fuera del humo y las llamas. Mientras caminaba por la cubierta de vuelo, una explosión menor había arrojado un trozo de acero entre mis piernas; parte de la cubierta, tal vez, o un trozo de un motor de avión. Uno de los innumerables misiles secundarios que fueron una fuente incidental de peligro a lo largo del día. Afortunadamente, la mayoría no dieron en el blanco, y éste era uno de ellos. Sólo me arañó la pantorrilla. Pero podría haber sido una herida mortal.

Para entonces, un destructor había maniobrado a barlovento y se había acercado a nuestra banda de estribor. Con el capitán Gehres gritando órdenes a través de un megáfono, se lanzaron cabos desde ellos hasta nosotros, y cuando los barcos estuvieron así asegurados, se aparejó una driza para cruzar los trece metros que separaban al elegante destructor del *Franklin*. Los almirantes y los principales oficiales de sus estados mayores estaban siendo trasladados.

La ridiculez de la transferencia por la driza de rescate[8] era simbólica de la incomodidad de la posición en la que se encontraban estos oficiales. El *Franklin* estaba mortalmente herido; sus posibilidades de supervivencia eran escasas. Pero mientras tanto, los otros buques de la Fuerza Operativa debían continuar el ataque contra los japoneses, y el almirante Ralph Davison y el almirante Gerry Bogan debían ayudar a dirigir el ataque. Por lo tanto, debían tener cuarteles donde se dispusiera de instalaciones para tal dirección. Su trabajo consistía en ayudar a coordinar y presionar la ofensiva; a otros les correspondía la tarea, más dramática pero menos importante, de mantener con vida a un barco moribundo. Sin embargo, es embarazoso para un almirante ser el primero en abandonar un barco siniestrado; parece indigno, tan indigno como el traslado en boya. Pero es su deber, y no se debe dejar llevar por un sentimiento equivocado, como sí se deja llevar por la driza deslizante.

Sam y yo observamos el traslado durante un momento y luego nos dirigimos al castillo para comprobar

---

[8] El *breeches buoy* es un cinturón salvavidas de pantalones o driza de pantalones, un equipo de rescate marítimo utilizado para transferir personas entre dos embarcaciones o desde un barco a tierra, especialmente en situaciones de emergencia. Consiste en una especie de aro salvavidas con una parte inferior similar a unos pantalones cortos, donde la persona se sienta. El dispositivo está sujeto a una cuerda o cable que se tensa entre dos puntos, permitiendo que la persona sea transportada a través de un sistema de poleas.

si los heridos allí estaban recibiendo atención. Hicimos el descenso desde la cubierta de vuelo por las mismas escaleras y pasillos de proa. La pasarela en el nivel de la cubierta de la galería que da acceso a la sala de literas donde se habían encontrado mantas para los heridos forma una especie de balcón con vistas al castillo abierto, abajo y adelante. En el puente, grupos de muchachos, aún desconcertados, se apiñaban entre la parafernalia de cadenas, anclas y cabos. Entre ellos había varios con uniformes azules de oficiales. Resultaba extraño que vistieran de azul en lugar de caqui de combate; más extraño aún que permanecieran de pie y desganados alrededor del castillo, no menos aturdidos que los marineros que tienen derecho a esperar liderazgo de sus oficiales. La explicación de estos uniformes azules de los oficiales, cuando se descubrió, exoneró a los oficiales subalternos del *Franklin* de cualquier fallo en el liderazgo, pero reveló una peligrosa confusión que era el resultado directo de una bondad mal concebida.

Los que llevaban el uniforme azul de oficial no eran oficiales. Algún aviador subalterno bienintencionado, preocupado porque los hombres estaban mojados, tenían frío y estaban asustados, había distribuido abrigos de oficial de la sala de literas de los aviadores. Olvidó que en el puente de mando había un almacén de emergencia de ropa reglamentaria para condiciones meteorológicas adversas. No se dio cuenta de que los galones dorados en las mangas eran un símbolo de liderazgo de los oficiales, no una mera decoración. Esos galones no sólo implicaban privilegios, sino también responsabilidad y formación, el derecho a dirigir. Con las divisiones desorganizadas y los rostros enmascarados por el humo y la grasa, los oficiales sólo podían distinguirse por sus insignias. Y ahora los jóvenes reclutas llevaban esas insignias. Antes de que terminara el día, estos chicos demostraron ser grandes héroes; todos eran seguidores ideales, y algunos demostraron ser líderes naturales. Pero no era el liderazgo lo que se esperaba de ellos. Se espera de los oficiales. Cualquiera de estos muchachos podía entrar en pánico sin ningún descrédito, pero si, debido a su uniforme, los demás asumían que era un oficial, el mal ejemplo de fracaso en el liderazgo podía fácilmente llevar al pánico general. A los problemas del barco se añadió, por una equivocada amabilidad, esta desorganización adicional. Fue una fuente de confusión durante todo el día.

Sam y yo nos dirigimos a la sala de literas. El capellán Gatlin seguía allí; atendiendo a los muchachos, calmándolos, animándolos, no de manera artificial o pietista, sino con firmeza y eficacia. Unos minutos antes de nuestra llegada, había estado ayudando a un joven herido a subir a la sala de literas desde la cubierta inferior. Estaban en el pasillo transversal inmediatamente frente al pozo del ascensor cuando un montón de munición de pequeño calibre explotó. La delgada mampara fue perforada por balas de calibre 40 y 20 milímetros. Gats no quería dejar al joven herido solo allí, y no podía moverse rápidamente con su carga. En el aluvión de balas, un lugar en el pasillo no era menos peligroso que otro. Con una oración silenciosa, Gats continuó ayudando al joven a lo largo del pasillo como si despreciase las balas de acero. Conozco a Gats lo suficiente como para darme cuenta de que no estaba tratando de hacerse el valiente en este momento. No le gustaba una tormenta de balas, pero se encontraba en una situación en la que tenía que aparentar que las despreciaba. Solo aquellos de nosotros que vimos el coraje de Gats en acción podemos apreciar por qué mantuvo tan exitosamente la calma de los heridos.

También estaba Doc Smith en la sala de literas cuando Sam y yo llegamos. El comandante Smith, del Cuerpo Médico de la U.S. Navy, oficial médico superior a bordo, había estado bajo cubierta en el momento de la primera explosión. Momentáneamente atrapado, atendió a los heridos que estaban accesibles. Afortunadamente tanto para ellos como para él, no pasó mucho tiempo antes de que se encontrara una salida, y Doc Smith llevó a su contingente de heridos a la sala de literas de aviación en la plataforma. Como el ladrido de una pistola de arranque, aquella primera explosión le había puesto a trabajar con los heridos y moribundos en una carrera contra la muerte. No iba a parar en tres días.

Otros dos médicos seguían en paradero desconocido: el Dr. Jim Fuelling, de Indiana, y el Dr. Bill Fox, de Milwaukee. Muchos otros cientos de oficiales y hombres, por supuesto, también estaban en paradero desconocido, y por el momento no teníamos forma de saber si estaban vivos o muertos.

El Dr. Fuelling no estaba muerto. Estaba guiando en la oración a trescientos muchachos que estaban atrapados con él en un compartimento dos cubiertas por debajo del hangar.

Habían quedado atrapados en el comedor de la marinería, donde estaban desayunando. La primera gran explosión había bloqueado todas las salidas conocidas. Los fuegos que ardían encima y alrededor de ellos convirtieron el compartimento en un horno. El humo ensuciaba aún más una atmósfera ya escasa de oxígeno. La conciencia del grave peligro, la tortura del suspense, la imposibilidad de la autoayuda y la inactividad forzada proporcionaban todos los ingredientes para el pánico. El miedo se apoderó de uno, luego de otro; las voces que empezaron en susurros terminaron en algo parecido a gritos. Pero Jim Fuelling aplacó el pánico incipiente: «¡Calma, muchachos, calma!». Su voz era alta en volumen, pero baja en tono. «Estamos atrapados aquí por un tiempo, pero no perdáis la cabeza. No malgastéis vuestra energía. No tenemos mucho oxígeno; no lo malgastéis. Respirad tranquilos. Sentaos en el suelo, rezad una oración, recemos todos una oración».

Y entonces habló Don Gary. El teniente Don Gary era un oficial ayudante de ingeniería que había ascendido de rango, un hombre de rostro delgado, huesudo, hogareño, con una familiaridad que de algún modo te recordaba a tu hogar, a tu padre o a tu hermano mayor o quizás a tu tío favorito. Gary conocía el barco bajo cubierta como un cirujano conoce la anatomía; conocía todos los pasillos, conductos y respiraderos de las entrañas del barco hasta la sentina. En algún lugar de este laberinto, por muchas cubiertas quizás, a estribor o a babor o por el centro, por tortuosos empalmes y desvíos, debe haber una salida de esta trampa. La voz de Gary encaja con su rostro fuerte y delgado, una voz tranquila que transmite convicción.

—El doctor tiene razón, muchachos; no perdáis la cabeza. Conozco este barco. Encontraré una salida y volveré a por vosotros. Lo digo de verdad. ¡Volveré a por vosotros!

Mientras avanzaba a trompicones por el compartimento contiguo, lleno de humo y de bombas, los muchachos del comedor rezaron no sólo por ellos mismos, sino también por el teniente Don Gary, por su éxito a la hora de descubrir un pasadizo seguro a través del laberinto de las entrañas de un barco moribundo. Y Doc Fuelling continuó su lucha victoriosa contra el pánico; continuó guiando a los muchachos en la oración.

Mientras Jim Fuelling ejercía de líder espiritual de los muchachos atrapados en el compartimento de popa, Gats y yo, los dos capellanes oficiales, intercambiábamos ideas en el hospital de urgencias del castillo. Hablábamos de las perspectivas que nos aguardaban. Nuestra presencia conjunta podría haber dado la impresión a quienes nos vieran de que cada uno necesitaba al otro para reforzar su valor. Tal interpretación reduciría nuestra eficacia para calmar y animar a los hombres, y queríamos ejercer la influencia que teníamos de la forma más eficaz y amplia posible. Gats y yo estuvimos de acuerdo en que no debíamos permanecer juntos. Es una sensación extraña cuando, en medio de una tragedia, dos amigos acuerdan separarse, cada uno enfrentándose a la muerte, cada uno sin saber si el otro sobrevivirá, ambos reprimiendo la idea de que éste podría ser su último encuentro, su última despedida. Es una sensación extraña, pero en lugar de expresar esos pensamientos, te limitas a comentar: «Hasta luego, 'Gats'; no pierdas de vista lo de aquí».

Con Sam Sherman inicié el viaje de regreso a la cubierta de vuelo, utilizando la ruta ya conocida. En la pasarela nos encontramos con Joe Taylor. Con mucha prisa, no se detuvo ni un momento. Pero me alegré mucho de verle, de saber que estaba vivo. A lo largo de la mañana, cada vez que tenía tiempo para reflexionar, me preguntaba por mis amigos íntimos, me preguntaba si los habían matado. No quería preguntar, pero su presencia era la única prueba fidedigna de que estaban vivos. Después de cada explosión, la pregunta silenciosa: «¿Habrán muerto más? ¿Quiénes serán? No he visto a Greene, Sheridan, Kasch, Catt, Berger, Morgan. ¿Dónde están Fitz, Bill Fox y Red Harris?» Después de cada explosión estas preguntas clamaban por ser respondidas, y había explosiones casi cada minuto. Es más importante rezar por ellos que preocuparse. Yo ya había rezado por ellos como por todos a bordo, ni más ni menos. Pero emocionalmente hay una preocupación especial por los amigos personales, e incluso los capellanes tienen emociones. Afortunadamente, el trabajo que tenía entre manos exigía atención casi constantemente, y los pensamientos demasiado insistentes sobre los amigos quedaban apartados. Pero la vista de Joe Taylor trajo un suspiro de alivio: «Gracias a Dios. Y que esté a salvo».

Cuando llegué a la cubierta de vuelo, una rápida visita a cada uno de los heridos me dio la seguridad de que, por el momento, se había hecho por ellos todo lo que se podía hacer.

Hasta entonces, mi trabajo había consistido en atender a los heridos y moribundos accesibles en el castillo o en la cubierta de vuelo delantera. La asistencia a estos últimos se había interrumpido unas cuantas veces cuando una explosión particularmente grave hizo imperativo que buscáramos en los márgenes de los incendios y rescatáramos a las víctimas de la explosión. Las arrastrábamos y las llevábamos a la sección delantera para que se unieran a los demás pacientes. Después de esas interrupciones, reanudaba mis visitas individuales a los enfermos, rezando, absolviendo y ungiendo. De vez en cuando, también, me preocupaba por los que, aunque no estaban heridos físicamente, estaban aturdidos mentalmente. Gats ya había comenzado su extraordinariamente buena labor de calmar a esos muchachos, y yo trataba de imitarle.

Mientras me concentraba en ese trabajo especializado de capellán, apenas había reparado en la gran actividad que se desarrollaba a mi alrededor. Ahora me fijé en los oficiales y hombres que desde la primera explosión habían estado trabajando contra todo pronóstico, corriendo riesgos desesperados en sus esfuerzos por salvar el barco. Vi mangueras retorciéndose y entrecruzándose a lo largo de la cubierta. Los manipuladores de mangueras se agachaban y caían por el golpe de otra explosión, luego se levantaban y volvían a agarrar las mangueras. Vi sus expresiones de contrariedad cuando una manguera se secaba al romperse una tubería principal. Vi cómo buscaban otra tubería, enlazaban la manguera y volvían a empezar la batalla contra el fuego. Salvo contadas excepciones, no recuerdo rostros individuales. Era un retrato robot de la valentía y la entrega al deber de los oficiales y hombres supervivientes a bordo del *Franklin*. Pero *Steamboat*

Graham estaba allí, el jefe de bomberos; y Bill Hale estaba a cargo general de la cubierta de vuelo.

A pesar de las continuas explosiones de bombas y cohetes, se habían hecho algunos progresos contra los incendios. Varios cientos de pies de la cubierta de vuelo delantera habían sido ganados a las llamas, y la estructura de la isla era visible y, en ocasiones, accesible. Pero nuestra velocidad se había reducido a cero. Estábamos muertos en el agua a pesar del valiente trabajo de los ingenieros.

Por medio de una complicada conexión telefónica, aún era posible la comunicación entre el puente de mando y el departamento de ingeniería. La red de comunicación múltiple –«cajas de crujidos», teléfonos de línea directa, circuitos telefónicos generales– había quedado fuera de servicio por las explosiones. Pero aún funcionaban algunos teléfonos de sonido. Aunque los cables que conectaban incluso estos teléfonos de emergencia por todo el barco estaban en su mayor parte fundidos, la línea que conectaba la sala de máquinas y la sala de gobierno de popa no se había roto, ni tampoco lo había hecho la línea que conectaba el gobierno de popa y el puente.

En esta sala de gobierno de popa quedaron atrapados cinco muchachos. Holbrook Davis estaba allí junto con Bill Hamel, Jim Gudbrandsen, Larry Costa y Norman Mayer. Cuando cayó la primera bomba japonesa, estaban en sus puestos de combate, podrían haber escapado de su compartimiento, muy por debajo de la línea de flotación; podrían haber subido por las escaleras hacia la popa, y de allí quizás a un lugar seguro. Pero ese era su puesto de combate. Si el mecanismo de dirección principal se interrumpía, la guía del barco recaería entonces sobre ellos, mediante el seguimiento de las instrucciones que les serían transmitidas por teléfono desde el puente. Se mantuvieron en su puesto. Luego, nuestra propia munición comenzó a explotar, sobre y alrededor de ellos. Oyeron el rugido de las explosiones, el estruendo del acero desgarrado, el peculiar silbido de los cohetes trazando caminos erráticos por los compartimientos cercanos. Sintieron el calor de los incendios adyacentes que convirtieron su propio compartimiento en un horno. No vieron nada; las luces se apagaron y quedaron atrapados en una tumba caliente y oscura. Sabían que sus posibilidades de rescate eran escasas. Pero, mientras tanto, podían retransmitir los mensajes del capitán a los ingenieros.

¡Ingenieros! Pensé en Tommy Greene, el ingeniero jefe que durante el desayuno se había quejado conmigo de la tostada fría... ¡hace tanto tiempo! Con la primera bomba había desaparecido. ¿Habría muerto? ¿Dónde se habría metido? Tommy Greene estaba muy vivo. Con el chasquido de la primera explosión, Tommy salió de la sala de oficiales. Sin importarle el humo, las llamas y los mamparos destrozados, se dirigió a la oficina de control de máquinas. La oficina había sido destruida por la bomba japonesa. Apresurándose hacia delante y bajando a otra cubierta, más cerca de las máquinas, Greene instaló el cuartel general de ingenieros en el comedor de los suboficiales.

Los oficiales de división informaban, las órdenes se transmitían a los maquinistas, electricistas, auxiliares de agua y bomberos. Mientras las explosiones desgarraban el interior del barco, los ingenieros mantenían el vapor y las hélices girando. Hacía calor, y cada vez más. Un humo acre penetraba en los compartimentos inferiores. Los hombres se pusieron máscaras de gas o equipos de respiración de rescate y se quedaron en sus calderas y turbinas y paneles de interruptores. La cámara de combustión número 2, con sus tomas de aire destruidas y la llama bajo las calderas apagada, quedó inutilizada tras la primera explosión. A las 8:30 la cámara de combustión número uno estaba fuera de servicio. Oficiales y hombres concentraron sus esfuerzos en la sala de máquinas de popa y la cámara de combustión. El teniente de navío Artz, el alférez Tucker, el alférez Haylor, el alférez maquinista y su tripulación conocida como «Banda Negra» no podían resistir mucho más. Las explosiones estaban abriendo brechas en los conductos de vapor. Era una lucha perdida para mantener la presión, y se estaba convirtiendo rápidamente en una lucha perdida para mantener la vida a medida que los termómetros se rompían a temperaturas de 90 grados. El humo había sustituido al aire y los respiradores de rescate estaban agotados. Tommy Greene no podía mantener a sus hombres en esos puestos mucho más tiempo. El teniente Artz se desmayó; el oficial de máquinas Nott se hizo cargo de esa planta. En la otra planta, Haylor y el alférez buscaron escotillas de escape para sus hombres.

A través del sistema de «Control de Dirección en Popa» llegó un mensaje al puente. «Los ingenieros solicitan permiso, señor, para abandonar sus puestos. El Comandante Greene informa que los hombres se están desmayando de calor y asfixia». Del Capitán Gehres:

«Permiso concedido. Diga al oficial de ingenieros antes de salir que ponga los motores a ocho nudos si es posible». Asfixiados, agonizantes, los ingenieros treparon por escaleras y escotillas de escape.

Unas últimas palabras a Greene desde la sala de máquinas de proa: «¿Puede venir alguien con un respiradero a la sala de máquinas de proa? Estamos atrapados». Los tenientes White y Bostain rescataron a Nott, Artz y dos compañeros de la sala de máquinas de proa. El oficial de máquinas Baker puso los controles a ocho nudos antes de abandonar la sala de máquinas de popa.

Las salas de calderas de popa aún no habían sido abandonadas. Allí todavía era posible sobrevivir, y las calderas debían ser atendidas. Había que mantener la presión de vapor, en la medida de lo posible. Barry y Reese se quedaron. Permanecieron casi más allá de la resistencia humana, y solo se fueron cuando las calderas dejaron de funcionar. En las entrañas de un barco en llamas y explotando, en salas donde el humo ennegrecía la visión y asfixiaba los pulmones, se quedaron con sus equipos hasta las 9:30. En ese momento, las calderas perdieron la succión del agua de alimentación y quedaron inservibles. Solo entonces se abandonaron las salas de calderas de popa. Barry y sus hombres —Tony Godleski, Cliff Farmer, Jimmy Collum, Shorty Wilson y Tiny Rials— lograron llegar hasta la cubierta del hangar, pero no pudieron avanzar hacia proa debido a los incendios en la cubierta y se vieron obligados a saltar por la borda. Reese, junto con McRae, Doll Buckner y Jim Harris, pudieron abrirse camino hacia el castillo de proa.

A las 9:30 de la mañana dejó de salir vapor de las calderas, las turbinas dejaron de generar energía, los tornillos dejaron de girar. A cincuenta millas de la costa, el *Franklin* yacía muerto en el agua, a la deriva hacia Japón.

VI. A LA DERIVA HACIA JAPÓN

Ahora eran las 9:30, sólo dos horas y media desde el amanecer y las bombas japonesas que lo acompañaron. Mucho había sucedido, muchos habían muerto en esas dos horas y media. El *Franklin* seguía ardiendo, seguía explotando.

El crucero *Santa Fe* se acercó por estribor. Si no podía ayudar a un barco muerto, al menos podría rescatar a los moribundos.

«¿Están inundados sus polvorines?» El capitán Fitz gritó a través de un megáfono. Un megáfono a la antigua usanza resultaba muy útil cuando las explosiones habían hecho estallar todos nuestros modernos dispositivos eléctricos de comunicación. El oficial de comunicaciones del *Santa Fe* había estado haciendo la misma pregunta por todas las frecuencias de radio a su disposición. El mensaje nunca nos llegó. Todos los aparatos receptores del *Franklin* habían quedado fuera de servicio.

Pero el sonido de la voz del capitán Fitz se elevó por encima del estruendo y la confusión. Estaba pensando en el destino del *Birmingham* cuando fue a ayudar al *Princeton*. Una poderosa explosión en ese portaaviones había infligido horribles bajas a bordo del crucero de asistencia. «¿Están inundados sus polvorines?»

De vuelta llegó la respuesta del capitán Gehres: «He ordenado inundarlos y creo que lo están». Se habían tomado todas las precauciones posibles.

En las emergencias hay que correr riesgos, no riesgos temerarios, sino riesgos calculados y equilibrados con las ventajas. Así que el *Santa Fe* se puso al costado e intentó mantener un rumbo a nueve metros. No pudo mantenerlo. El Franklin, cada vez más peligrosamente escorado y muerto en el agua, viró en ángulos erráticos alejándose del barco que le ofrecía ayuda. La operación tuvo que ser abandonada. El capitán Fitz ordenó soltar amarras y el *Santa Fe* partió con su misión incumplida.

Fue un momento desgraciado para nuestros cientos de heridos graves. Dolía mirarles a los ojos. Aunque no decían una palabra, no podían disimular su desconsuelo al ver partir el barco de rescate. Sus ojos reflejaban el horror del pasado inmediato y presagiaban la desesperación del futuro a continuación.

Con la pierna arrancada y un torniquete improvisado empapado de sangre atando el muñón, un chico yacía en una camilla en la cubierta de vuelo. ¿Qué posibilidades tenía ahora? En cualquier momento el barco podía zozobrar; en cualquier momento la cubierta podía volar por los aires. Si sobrevivía a uno de esos peligros, o a ambos, ¿qué pasaría? Flotaría con su camilla en el agua el tiempo suficiente para sufrir un poco más, pero no lo suficiente para que un destructor pudiera rescatarlo. Su única posibilidad de sobrevivir parecía ser el traslado en camilla al *Santa Fe*. Y ahora el *Santa Fe* se había alejado. La situación era difícil incluso para los que no estaban heridos, pero un lisiado sin piernas, débil por la pérdida de sangre, aturdido por el shock del combate, indefenso, ¿qué posibilidades tenía ahora? El muchacho no dijo ni una palabra, pero en sus ojos se leía una amarga profecía.

Era embarazoso leer tanto en los ojos de un joven herido. Sin embargo, me alegro de haberlo advertido. No se podía hacer mucho por él, pero la seguridad de que no había sido abandonado por sus compañeros aliviaría su asustado corazón.

—Es duro, muchacho, pero mantén la cabeza alta; tus compañeros estarán a tu lado pase lo que pase. No lo olvides nunca. Y reza una oración. Eso también ayuda, ya sabes.

Los heridos que ya habían recibido atención médica y espiritual habían sido agrupados en la parte delantera del barco. Cuando me dirigí a popa en busca de otros que pudieran necesitar ayuda, pasé por delante del pozo del ascensor número uno. La enorme plataforma había quedado inclinada en un ángulo de cuarenta grados; sus pesados pistones de acero se habían doblado como horquillas. Las llamas de los incendios de la cubierta del hangar saltaban a través del pozo, pero no con tanta saña como antes. Pasar por el lugar seguía siendo peligroso, pues la espuma antiincendios y el aceite de la estopa caliente embadurnaban la cubierta. Con cualquier sacudida repentina del barco, podría resbalar y caer a través del pozo en los fuegos de abajo.

El rápido aumento de la escora era alarmante. Casi podía ver, y sin duda podía sentir, que el barco se inclinaba cada vez más a estribor. Si la escora seguía aumentando al ritmo actual, pronto zozobraríamos.

Con buena fortuna, sorteé bien el ascensor y me acerqué a las líneas de fuego, que en ese momento estaban a la altura de la isla. El humo ya no era tan denso, pero las llamas eran tan terribles como antes. Las mangueras se extendían a lo largo de la cubierta desde la sección de proa, cerca de los heridos, hasta las líneas de fuego. Un fuego tan voraz y tan poca manguera ofrecían una imagen devastadora. La manguera disponible tuvo que acoplarse en muchas secciones para llegar desde las líneas de fuego hasta las tuberías principales de proa, las únicas que habían escapado a la destrucción en las explosiones.

La manguera también carecía de presión suficiente. La gran planta de ingeniería estaba muerta y la única fuente de energía a bordo era un pequeño motor diésel de emergencia. Al Collins tenía el trabajo de arrancar y atender ese diésel cada vez que el barco era llamado a operaciones de combate. Había arrancado el motor por la mañana temprano. Lo atendió durante todo el día.

Aunque el peligro no había disminuido, había surgido cierto orden tras la confusión inicial. Casi inmediatamente después del bombardeo, los que se encontraban en la proa y en la parte superior comenzaron a organizar la lucha contra el fuego, empezando por la cubierta de proa y siguiendo hacia la popa. A ellos se unieron continuamente otros que habían podido subir desde las cubiertas inferiores.

Los hombres en la proa estaban fuera de contacto con el capitán. Algunos en la cubierta del hangar de popa sólo tenían acceso a la cola de ventilador. Su avance estaba bloqueado por fuegos al rojo vivo, bombas de magnesio que brillaban en el blindaje de los aviones que las habían transportado. Los hombres que se encontraban abajo, en la segunda y tercera cubierta, o que subían a la cubierta del hangar de popa, se habían visto obligados a ir más a popa. Decenas habían volado por la borda. Otros, envueltos en llamas, se vieron obligados a saltar. Durante horas, pequeños grupos lucharon por llegar a la cola de ventilador, donde combatieron el fuego con todos los medios a su alcance hasta que su posición se hizo insoportable. Entonces también ellos se arrojaron al mar.

La estación central de control de daños estaba situada muy por debajo de la cubierta principal, en un compartimento cercano a la quilla del buque. Poco después de que comenzaran las explosiones, las luces parpadearon en rojo, indicando que el fuego había penetrado en los cargadores principales. El teniente Billington y su tripulación esperaban momentáneamente la explosión que haría pedazos el buque. Todas las comunicaciones estaban cortadas excepto con el grupo de reparación de proa. Los hombres de control de daños estaban incomunicados, observando el ojo rojo que emitía su temible mensaje. Pasaron muchas horas tensas antes de que descubrieran que el mensaje era erróneo, debido a que el cableado estaba dañado.

Cuando el barco empezó a escorarse gravemente y el humo penetró en la bodega de cubierta, se abandonó el control central de daños, con todas las comunicaciones perdidas. El electricista jefe Hoffner localizó un conducto de evacuación que llevaba a la tercera cubierta, ayudó a sus hombres a atravesarlo y los condujo a la proa para unirse a los equipos de extinción de incendios de proa.

Algunos pocos, desde la parte superior, iban bajo cubierta en misiones especiales y muy peligrosas.

Los artilleros Stoops y Arlo Catt habían bajado a inundar los polvorines principales por orden del capitán. Eran los artilleros encargados de la munición. Cientos de toneladas de explosivos en las entrañas del barco debían cubrirse de agua. Stoops y Catt consiguieron de alguna manera llegar a las válvulas de inundación. Las encendieron e informaron: «Misión cumplida». No fue culpa suya, ni nadie lo supo hasta mucho después, que no había agua que pudiera ser controlada por las válvulas. Las tuberías se habían roto. La munición de los polvorines de proa permaneció seca.

Muchos hombres lucharon contra el fuego en medio del barco hasta que se agotaron sus respiradores de rescate, luego se dirigieron a un lado de la cubierta del hangar y se lanzaron al mar.

El armador Burd estaba en el comedor de popa cuando cayeron las bombas japonesas. Sacó una manguera y mojó trescientos cohetes, haciéndolos inofensivos. Luego reunió y condujo a por lo menos sesenta hombres de vuelta a la cola de ventilador y escapó. Burd volvió a por otros y se encontró en medio del barco, atrapado por nuevas explosiones en popa e impedido de avanzar por el fuego. Se vio obligado a echarse a un lado del hangar y se lanzó al mar. Durante cinco horas flotó en una balsa con el jefe Tony Hungaro, Dennis Koleh y el armador Kirkman. Fueron recogidos por el portaaviones *Hornet*.

Muchos hombres como Burd realizaron su valerosa hazaña antes de ser arrollados por las fuerzas elementales de la catástrofe. Nunca se sabrá el número de héroes.

El marinero Red Skelton, artillero, y su compañero estaban uno al lado del otro. Una explosión hizo volar en pedazos a su compañero y catapultó a Skelton al agua.

El teniente de ingenieros Fitzgerald y docenas de hombres en grupos separados se dirigieron a la cola de ventilador, sólo para ser obligados a salir. Austin, Sheppard, Gregg, Batticki, el marinero Russo, el soldado Kane... nunca se sabrá su número.

Los oficiales administrativos Brown y Cavello saltaron juntos al agua. Cavello no sabía nadar y no tenía chaleco salvavidas. Brown le dio el suyo. Brown no fue rescatado.

El sargento Truax, con un puñado de infantes de marina, había manejado los cañones de popa hasta que los incendios les obligaron a lanzarse al mar. Truax entregó su salvavidas a un joven que no sabía nadar. Truax no fue rescatado.

En la cubierta de proa, las líneas de bomberos estaban a la altura de la isla a las 9:30 a.m. Desde el puente, el capitán supervisaba la lucha contra incendios; en la cubierta, Bill Hale estaba a cargo general. *Steamboat* Graham, el jefe de bomberos, estaba allí con Davis, West, Berger, Harris, McKinney. La marinería también estaba allí, trabajando tan duro y corriendo riesgos tan desesperados como sus oficiales.

Las bombas rodaban por la cubierta, lamidas por las llamas a tal calor que resultaba doloroso tocarlas. El capitán de corbeta Stone, con ayudantes como el jefe

Orendorff, Bill Fowler, Boyd y Jacobs las hicieron rodar por la borda y caer al mar.

Más adentro en la línea de fuego, Red Morgan luchaba sin ayuda con una manguera, patinando sobre la cubierta resbaladiza y tratando en vano de hacer el trabajo de seis hombres.

—¿No necesitas ayuda, Red?

—Hola, Padre –Red había recuperado su acento a pesar de la emoción. De hecho, Red no estaba emocionado–. Me vendría bien algo de ayuda, si pudiera conseguirme algunos hombres.

La fuerza de muchas manos jóvenes podía lograr más que mis débiles esfuerzos, por muy voluntariosos que fueran. Me dirigí hacia delante en busca de ayuda.

Mientras caminaba, un muchacho vio la cruz en mi casco. Corrió hacia mí y me preguntó con voz no muy firme:

—Padre, deme la absolución.

Al muchacho, cuyo nombre ni siquiera sé, le expliqué que cuando estalló la primera bomba yo había dado la absolución general, y luego añadí:

—Di el acto de contrición y te daré la absolución ahora.

Se arrodilló en la cubierta de vuelo. En el fondo, las llamas se elevaban en el aire y el humo ondeaba en el cielo. Incluso durante el breve tiempo que se tarda en pronunciar un acto de contrición, hubo explosiones. El chico terminó su oración de dolor por haber ofendido a Dios, y yo concluí la absolución. Mientras se ponía en pie, recordé a Red Morgan y su necesidad de ayuda.

—Mira, muchacho, ¿quieres bajar ahora a las líneas de fuego y ayudar al teniente Red Morgan con la manguera?

El chico me miró a los ojos y, con total sencillez y sinceridad, me dijo:

—Claro, padre, ahora voy a cualquier parte.

Ahí está, uno no necesita necesariamente paz religiosa para luchar contra un incendio, pero incluso para luchar contra un incendio la paz del alma ayuda. Empecé a darme cuenta entonces del poder de la Cruz, la cruz blanca pintada en mi casco, un poder de reconocimiento y de inspiración.

La furia, las llamas y el humo habían hecho que la inspiración fuera esencial y el reconocimiento casi imposible. Las llamas habían abrasado la carne y el humo había emborronado los rostros. Era difícil identificar a alguien en el barco. Los hombres no podían reconocer a los oficiales que no pertenecían a su propia división. La furia de las explosiones iniciales había paralizado las mentes de los hombres. Cuando las explosiones comenzaron a disminuir, las mentes comenzaron a funcionar. Los hombres buscaban una señal. Entrenados para obedecer a una señal del oficial de división o del jefe, los hombres no encontraban ninguna. Las divisiones estaban desorganizadas; los oficiales clave habían muerto, los jefes estaban dispersos o atrapados o muertos. Pero los hombres podían reconocer al capellán. A pesar de la furia, del humo, podían reconocer la señal de la cruz en su casco.

El poder de la cruz para inspirar superaba su poder de reconocimiento. «Claro, Padre, ahora voy a cualquier parte». Esa era la simple reacción de un chico que sentía la influencia de la cruz. Muchachos de todos los credos irían a cualquier parte si el capellán los acompañara.

A mi vez, tuve que cargar con mi cruz, por desagradable y peligrosa que fuera. Tenía que acompañar a mis muchachos allí donde se les necesitara. ¿Mi fuente de fuerza? La misma fuerza de la cruz.

Pedí a ocho hombres que vinieran conmigo y ayudaran al comandante Hale, al teniente Harris y al teniente Morgan. Ocho hombres acudieron a las líneas de fuego, luego otros ocho, y otros más. Cuando una dotación de mangueras, ahogada por el humo, llegaba al límite de su resistencia, otra la relevaba.

Los hombres no me seguían tanto a mí como a la cruz. Para bien o para mal, me había convertido en un símbolo. Mi casco era mucho más importante que mi cabeza.

A su vez, el casco protegía mi cabeza no sólo físicamente contra la metralla, sino con protección espiritual contra el shock ante la perspectiva de la muerte. Antes de muchos minutos o muchos segundos, podía volar en pedazos. Eso realmente no me importaba, siempre que volara hacia el verdadero reino. Mientras tanto, los hombres debían intentar salvar el barco y rescatar a los compañeros atrapados. Con el poder de la cruz podría ayudarles.

En el puente, el comandante Steve Jurika, el navegante, ya no navegaba. Estábamos muertos en el agua, a la deriva hacia Japón. Pero él llevaba el diario de a bordo. Eso también formaba parte de su trabajo. Es una maravilla para mí que, bajo una tensión extraordinaria, Steve pudiera limitarse a escribir esos datos rígidos, una prosa de la que se había eliminado hasta la última gota de patetismo.

Exprimió el heroísmo y escribió los llamados hechos. Ese era su trabajo. Le habían asignado escribir el diario de a bordo. El navegante no dice la verdad; se limita a informar de lo científicamente verificable. Más adelante en este relato, el lector descubrirá que Steve tenía un corazón tierno y sensible. Tanto él como yo teníamos parientes cercanos en Filipinas. Este es el cuaderno de bitácora de Steve, y en sus anotaciones inexpresivas podemos leer un catálogo conciso, aunque incoloro, de los acontecimientos de aquella mañana salvaje.

0657 comienza lanzamiento de aviones de ataque 2B. 0708 nave atacada por aviones enemigos. Recibió dos impactos de bomba, la primera bomba impactó en la cuaderna 68 de la cubierta de vuelo, explotó en la cuaderna 82 de la cubierta del hangar; la segunda bomba impactó en la cuaderna 133 de la cubierta de vuelo, explotó en la cuaderna 142. 0709 cuartel general. 0712 establecer condición Zebra. En el momento del ataque 36 VF y 9 VB estaban en el aire. 0725 (aprox.) buque estabilizado en 355 (t). 0800 Contralmirante R. Davison y personal fueron transferidos al U.S.S. *Miller* (DD535). 0815 asumió escora de estribor 3 grados. Incendios y explosiones en todo el barco. 0840 escora de estribor aumentada a 6 grados. 0931 El *Santa Fe* se acercó y se colocó a unos 100 pies de la proa de estribor para sacar a los heridos. 0945 Perdió el control del timón y todas las comunicaciones excepto con el timón de popa desde el puente. Puso todas las máquinas a 8 nudos y abandonó las salas de máquinas debido al humo y al calor. 0952 después de la explosión de los cargadores de 5"/38. 1000 escora de estribor estabilizada a 13 grados. Barco muerto en el agua. 1015 *Santa Fe* retrocedió rompiendo todos los cabos. 1050 *Santa Fe* al costado por segunda vez. Todos los heridos y el personal innecesario fueron retirados. 1225 El *Santa Fe* abandonó el barco. 1254 Bombardeo en picado del Judy japonés, la bomba falla en el lado de estribor del barco. 1404 *Franklin* es remolcado por el U.S.S. *Pittsburgh* con rumbo sur a 2 nudos. Presencia de 3 destructores, *Pittsburgh* y *Santa Fe*. 1505 *Franklin se* dirige a 180 (t) a 6 nudos bajo remolque.

A las 09:52 (Steve me dijo la hora exacta mucho más tarde) se produjo la explosión más terrible de todas. Explotó un pañol de municiones de cinco pulgadas. El barco se sintió como una rata zarandeada por un gato furioso. Motores de avión enteros con hélices acopladas, escombros de todo tipo, incluidas partes de cuerpos humanos, saltaron por los aires y luego descendieron como el granizo sobre un tejado.

Fue una explosión feroz, y no sé cómo sobrevivimos. Arrojados al suelo, permanecimos en las cubiertas, cada uno instintivamente «arrastrándose dentro de su casco». Aunque sobreviviéramos a la explosión, ¿cómo íbamos a escapar de la metralla que caía? Aquella lluvia de escombros duró muchos segundos, y los pensamientos son rápidos en esos instantes. No creo que entonces tuviera miedo a la muerte, aunque sí me daba cuenta de que las posibilidades eran grandes.

Cristo dijo que para sus seguidores la muerte es la puerta del cielo. Toda mi vida había sido entrenado para tomar las enseñanzas de Cristo al pie de la letra. Desde este punto de vista, la muerte no me parecía temible.

¡Pero los chicos! Eran jóvenes; tenían la vida por delante; no querían morir. Sentí una responsabilidad especial por aquellos a quienes había pedido ayuda en las líneas de fuego. Si no me hubieran seguido, habrían estado en la proa del barco, lejos de la explosión.

—¡Por favor, Dios, perdónalos!

Los deseos se le agolpan en la cabeza a un capellán tendido en cubierta mientras la metralla se precipita por todos lados.

Pero al final la tormenta terminó. El granizo de escombros se hizo más ligero y luego se detuvo. Nos pusimos en pie. Inmediatamente todos los muchachos volvieron a utilizar las mangueras, excepto dos. Dos cuerpos yacían inmóviles, envueltos en llamas. Manos preparadas ayudaron y los dos fueron llevados hacia donde yacían los heridos. Administré los sacramentos, la extremaunción.

Pero los chicos no estaban muertos. Dios había sido bueno con nosotros. La explosión del polvorín, donde se almacenaban los proyectiles de cinco pulgadas, podría haber causado la muerte del barco y de todos sus tripulantes. Pero esta explosión no mató a nadie, a pesar de que los muchachos de las líneas de fuego habían estado trabajando en el mismo corazón del peligro. Los dos heridos por la explosión, que quedaron inconscientes y momentáneamente amenazados por las llamas y la asfixia, no sufrieron heridas graves. Podría haber sido la protección de la cruz.

Dios también envió protección para los heridos. El *Santa Fe* llegó de nuevo. Cuando el capitán Fitz ordenó soltar amarras, no se olvidó de nuestros heridos. Sólo le quedaba maniobrar para poder rescatarlos. Había girado en un gran círculo, y ahora el *Santa Fe* nos atacaba de nuevo. Salió por estribor a una velocidad increíble.

—Viene rápido –gritó alguien.

—*Tiene* que venir rápido –se contestó en voz alta el capitán Gehres.

Muy cerca, a una velocidad de veintidós nudos, atravesó nuestros mástiles de radio horizontales, los restos de acero aún caliente que sobresalían, nuestras plataformas de cañones salientes y nuestras pasarelas exteriores. El impacto desgarró sus propias cubiertas.

A veintidós nudos, atravesó los enredos y obstáculos que, a menor velocidad, habrían sido una trampa para él. Casco contra casco, las proas de los dos barcos se alinearon en paralelo.

—A toda máquina a popa. ¡Suelten amarras!

El barco de rescate estaba amarrado al pecio en llamas.

—¡Ah, *Franklin!* Envía a tus heridos.

El capitán Gehres resumió el espectáculo:

—La mayor gesta de marinería que he visto en mi vida.

Mediante boyas improvisadas, las camillas fueron izadas hasta un lugar seguro. A través de un estrecho tablón con una sola guía, los voluntarios llevaron a sus compañeros heridos hasta el *Santa Fe.*

Este traslado de heridos debía realizarse con cuidado y rapidez, una combinación difícil. El traslado a la seguridad del *Santa Fe* no ayudaría a un barco moribundo si un manejo descuidado causaba un agravamiento fatal de las heridas. Pero un traslado demasiado cuidadoso a expensas de la velocidad podría ser fatal tanto para el barco como para el *Santa Fe*.

Estábamos en una posición precaria. Dos naves estaban trabadas, y una ardía ferozmente y amenazaba con más explosiones, una amenaza constante para ella y su ayudante. Además, ambas naves estaban inmóviles, eran «blancos fáciles» para el enemigo.

Los aviones japoneses se acercaban de nuevo a la formación. Habíamos recibido alarmas, pero aún no habíamos sido atacados. Sin embargo, estábamos a sólo cincuenta millas de la costa. Desde sus aeródromos, los aviones podían salir en quince minutos. Los pilotos ni siquiera necesitaban tiempo para trazar un rumbo. Nuestra columna de humo era una nube guía.

Hasta el momento ningún japonés había penetrado en la patrulla aérea de combate que nuestros portaaviones hermanos habían suministrado cuando fuimos atacados. Pero continuarían sus asaltos, y finalmente algunos lo conseguirían. Si el *Santa Fe* estaba al costado cuando ese ataque nos alcanzara, ambos buques podrían ser destruidos. El traslado de los heridos del *Franklin* al *Santa Fe* debía ejecutarse con rapidez.

Pero el tráfico entre los dos buques no era unidireccional. Mientras en la proa los heridos del *Franklin* eran llevados al crucero, los bomberos del capitán Fitz manejaban todas las mangueras y vertían toneladas de agua en la cubierta del hangar de popa, combatiendo incendios que nosotros aún no podíamos alcanzar. Mientras ellos empujaban las llamas hacia atrás, los muchachos del *Santa Fe* se acercaban y saltaban o subían a bordo del Franklin, arrastrando mangueras con ellos. Durante el largo periodo en que el *Santa Fe* estuvo al costado, algunos estuvieron a bordo del *Franklin* en medio del fuego. ¡Barco robusto, el *Santa Fe*!

No era momento para la admiración ociosa. Desde el puente de mando se llevó a cabo el peligroso y complicado proceso de traslado de heridos bajo la dirección del comandante Joe Taylor, con la ayuda del comandante Doc Smith, el capitán de corbeta Downes, el capitán Gatlin y muchos otros. En la cubierta de vuelo, igual de peligrosamente, el traslado continuó en doble fila con el comandante Bill Hale al mando general y Kilpatrick, el piloto de caza, supervisando magistralmente el funcionamiento del cable de rescate. Sam Sherman estaba allí con una palabra de aliento para los desesperadamente heridos y administrando primeros auxilios por última vez.

El traslado de los heridos puso fin temporalmente a mis actividades de bombero aficionado. Una vez más vi a cada uno de los muchachos. Su agradecimiento por los pequeños esfuerzos para ayudarles y tranquilizarles me hizo llorar. Una oración, o una ligera palabra de broma. Palmea a un muchacho en el hombro o arrópale la manta, y su alma te mira a través de sus ojos.

Si un muchacho estaba lo bastante bien como para hablar, rápidamente te decía que no perdieras el tiempo con él: su compañero en la camilla de al lado necesitaba ayuda.

—Mira, está sangrando y creo que está inconsciente; que vaya delante mío. Déjale cruzar primero.

Los compañeros de barco son así.

El capitán Gehres, desde su posición en el puente, observaba toda la destrucción y la actividad. Nada se le escapaba. Mirando a popa vio gasolina saliendo de un respiradero, cayendo al mar en llamas líquidas. Mirando hacia delante, a la pasarela entre las dos filas de heridos, vio más chorros de líquido. Si se incendiaba, los heridos quedarían atrapados.

—Padre, –me gritó– por el amor de Dios averigüe si eso es gasolina. Si lo es, ¡aleje a los heridos de ahí rápido!

—No veo a dónde se refiere, capitán. Subiré a cubierta y usted me indicará por señas.

Subí por la cubierta resbaladiza e inclinada. El trayecto me ofreció varios segundos para pensar detenidamente. ¿Cómo sabré si es gasolina? Tendré que probarla. La mente humana desarrolla giros peculiares; no se me venían a la cabeza pensamientos serios. Mi mente, por algún capricho, se aferró a una idea fija: «Si esto es gasolina, la pruebo y se incendia, seguro que pareceré tonto. ¡Qué momento para jugar al tragafuegos!»

El Capitán Gehres estaba apuntando hacia abajo y hacia el exterior. Vi el chorro de líquido. Me agaché y me llevé las manos a los labios. El agua salada nunca había sabido tan deliciosa. El géiser provenía de una tubería principal rota, cerca de una salida de gasolina. ¡Pulgar arriba para el capitán!

—De acuerdo, no hay peligro en esta fuente.

Pero seguía sintiéndome tonto. Tenía que explicarle a alguien que mis acciones no eran tan tontas como podían parecer. Se lo expliqué al teniente W. A. Simon, que por casualidad estaba cerca. Eso le provocó un respiro momentáneo del calvario que había sufrido.

El puesto de combate de Simon era el centro de información de combate. Es el centro neurálgico de las operaciones de combate, un compartimento doble situado entre las cubiertas de vuelo y hangar, en la cubierta de galería. Una explosión había estallado justo debajo, empujando el piso de la cubierta hacia arriba y lanzando a toda la tripulación contra el techo de acero. Sólo Simón escapó; nunca sabrá cómo. En la sala de preparación adyacente, donde estaban de servicio algunos pilotos del escuadrón de Kilpatrick, no escapó nadie.

El propio Kilpatrick estaba supervisando el traslado de los últimos heridos. Se dio la orden verbal de que todo el personal del grupo aéreo pasara al *Santa Fe*. Su trabajo es volar, no combatir incendios.

El comandante Hale comunicó las órdenes del capitán. Pero Kilpatrick es un escocés testarudo.

—Me quedaré a bordo y ayudaré.

—¡Harás lo que te digan! Cruza al *Santa Fe* y llévate a tus pilotos.

Las órdenes que connotan seguridad para sí mismos son desagradables para los hombres valientes cuando el peligro amenaza a otros. Pero las órdenes son órdenes. Kilpatrick pasó al crucero.

Doc Sherman estaba adscrito al grupo aéreo, y por lo tanto tenía órdenes de marcharse. Pero el caso de Sam era algo diferente, y con un profundo sentido del deber se dio cuenta de ello.

—Capitán, no puedo abandonar esta nave. Soy médico y ustedes necesitan médicos. No hay más heridos ahora, pero puede haberlos más tarde.

—Sam, formas parte del grupo aéreo y puedes ir con ellos si lo deseas. Pero necesitamos médicos.

Sam se quedó a bordo del *Franklin*.

Una vez terminada la evacuación de los heridos, mis pensamientos volvieron a los bomberos, a los oficiales y hombres que durante el largo proceso de traslado de camillas habían proseguido sus esfuerzos con firmeza contra toda esperanza.

Me acerqué a la línea de fuego por la banda de estribor y me encontré con una escena aún más fantástica que mi episodio de «comer fuego». Gerald Smith, bombero de primera clase de Oswego, Nueva York, estaba practicando acrobacias. Con los tobillos sujetos por dos compañeros, colgaba cabeza abajo sobre el borde de la cubierta, suspendido en el espacio entre los dos barcos. El *Santa Fe* se movía con el oleaje del mar abierto y no dejaba de chocar contra nuestros cañones salientes. Con un oleaje errático, los montajes del cañón podían hacerse añicos, y entonces también lo haría la cabeza de Smitty.

—Smitty, hay formas más agradables de suicidarse. ¿Qué haces?

Smitty no pudo responder, pero sus compañeros se lo explicaron. Cuando el crucero se puso al costado, cortó una de nuestras mangueras. Smitty la sustituyó, a pesar del peligro que corría. Había muy pocas tuberías de agua en buen estado. No podíamos permitirnos abandonar aquella a la que estaba conectada esta manguera. No pocas veces durante este período, me convertí en mensajero en la cubierta de vuelo. La cruz de mi casco era fácilmente reconocible por el capitán en el puente. Siempre que tenía que enviar un mensaje le resultaba fácil identificarme y llamar mi atención.

—Padre, reúne a los ingenieros. Debemos mantenerlos como una unidad. Corre la voz a los oficiales de ingeniería.

Me esforcé por subir y bajar de la cubierta inclinada.

—¡Ingenieros, ingenieros!, ¿hay ingenieros? ¿oficiales o contramaestres?

Me sentía como un vendedor ambulante. Ningún vendedor ambulante en medio del bullicio del mercado había vendido nunca sus mercancías con tanta estridencia y tanta insistencia como con la que yo llamaba a los ingenieros lejanos en medio del alboroto de la cubierta de vuelo.

Cuando los maquinistas abandonaron sus puestos, muchos fueron incapaces de alcanzar el castillo y se vieron obligados a saltar al mar. Otros tuvieron la suerte de elegir pasadizos y escotillas de escape que les permitieron finalmente subir a la parte superior, en la sección de proa del buque. Desde sus puestos de ingeniería, donde habían soportado temperaturas superiores a los 90 grados, y habían estado cegados y ahogados por el humo, estos oficiales y hombres subieron a cubierta para sufrir el frío cortante del mar abierto.

Vieron por primera vez los estragos que se habían producido en el barco; vieron incendios que seguían devastando. Los encargados de las calderas se convirtieron en encargados de las mangueras, y los fogoneros se convirtieron en bomberos de un tipo diferente. Era necesario que estos ingenieros se mantuvieran organizados como una unidad. Si alguna vez se controlaban las llamas, los maquinistas podrían reparar nuestra central eléctrica y darle rumbo a la nave. De lo contrario, nuestro trabajo era en vano. Íbamos a la deriva hacia Japón.

—Ingenieros, ¿hay algún ingeniero aquí?

Caminaba por la cubierta de vuelo vendiendo mis mercancías. En poco tiempo, el departamento de ingeniería estaba organizado por divisiones, aunque cada una de ellas no contaba más que con una pequeña fracción de su dotación habitual. Durante todo el día estos hombres ayudaron contra las llamas, pero estaban listos para reanudar sus tareas de ingeniería tan pronto como el calor disminuyera abajo.

El capitán Gehres estaba atento incluso a los detalles. Mucho después de que las salas de máquinas se hubieran enfriado lo suficiente para que la ocupación fuera segura, el humo pesado permanecería. Sabía que se necesitarían respiradores de rescate. Pidió al *Santa Fe* que nos diera algunos de los suyos, y ordenó a Graham, el jefe de bomberos, que buscara más en el control de daños 8, a popa de la isla, donde nadie había penetrado desde las primeras explosiones.

Graham volvió a investigar. Si los respiradores de rescate almacenados en el control de daños 8 habían sobrevivido a las explosiones, podrían ser rescatados ahora antes de que los incendios los consumieran. La necesidad de los respiradores justificaba el riesgo. Pero Graham ni siquiera parecía ser consciente del riesgo. Caminó hacia la popa y se perdió en el espeso humo.

No quería adentrarme en aquel humo asfixiante que ocultaba la cubierta, y que tal vez ocultaba un agujero donde había estado la cubierta. El viaje conducía hacia el más ardiente de los incendios, que hacía estragos alrededor de una torreta de municiones. No quería ir, pero tampoco quería dejar que Graham fuera solo. Él no parecía tener suficiente sentido común para apreciar el peligro. Tal vez estaba aturdido y necesitaba que le hiciera entrar en razón. Así que fui tras él.

El humo era menos denso en popa. Era fácil ver que el control de daños 8 hacía tiempo que se había desintegrado. La caminata de Graham fue infructuosa, pero fue valiente, no obstante.

El capitán Fitz nos dio unos respiradores de rescate que guardamos en un lugar que esperábamos fuera seguro. Si alguna vez conseguíamos volver a las cámaras de combustión y poner en marcha las turbinas, esos respiradores de rescate acortarían en horas nuestro periodo de «blanco perfecto».

Del *Santa Fe* también recibimos pan, una gran bolsa, todo lo que tenían ya horneado. Desviar la atención del peligroso y heroico drama del *Franklin* a pensamientos sobre comida era el colmo de los colmos. Pero si el capitán cumplía su audaz decisión: «Podemos salvar el barco», entonces necesitaríamos el pan. Con el tiempo, aunque parecía lejano, el peligro podría disminuir y el heroísmo dar paso al hambre. No había comida salvable en el Franklin.

El *Santa Fe* había cumplido su misión y lo había hecho muy bien. Ahora debe soltar amarras y dejarnos en manos del destino. ¡No, no al destino, sino a la Providencia!

Teníamos fe. Pero por muy firme que fuera nuestra fe, por un momento volvimos nuestros ojos melancólicos, casi envidiosos, hacia el *Santa Fe* que se alejaba. Para bien o para mal, escorado, todavía ardiendo ferozmente, muerto en el agua, ahora a cuarenta y cinco millas de Japón, y a la deriva, estábamos solos.

VII. 19 DE MARZO DE 1945, POR LA TARDE

Aunque el *Santa Fe* dejó su puesto junto a nosotros, no nos abandonó. Daba gusto verlo dando vueltas a unos dos mil metros de distancia, protegiéndonos de los aviones japoneses que aparecían una y otra vez, ansiosos por asestar el golpe mortal. Mientras el *Santa Fe* montaba guardia, su gemelo, el *Pittsburgh*, tomaba el relevo. Suya era la tarea de remolcar este armatoste en llamas que era el *Franklin*, el barco que se negaba a hundirse. El capitán Gehres encargó a Joe Taylor, su oficial ejecutivo, que se ocupara del remolque del *Franklin*. Joe dijo:

—Sí, señor, –lo que interpretado significaba: «Capitán, ¿no se le ocurre alguna hazaña marinera más fácil?».

¿Cómo se hace para enganchar un cable de remolque a un barco de 27.000 toneladas, en llamas, y muerto en el agua, sin energía, sin cabrestantes, nada más que con la voluntad de hacer lo que parecía imposible? Se trataba de arrastrar un cuarto de milla de cable de acero de quince centímetros, arrastrándolo a mano, con los músculos de la espalda y los brazos. Mil hombres sanos podrían hacerlo, pero el *Franklin* no tenía mil hombres sanos. A bordo había unos 350 hombres, de los cuales sólo unos ochenta podían tirar de la sirga. Un cuarto de milla de cable de acero de quince centímetros: ochenta hombres no podían moverlo, y no lo hicieron. Joe Taylor les decía: «¡heave ho, heave ho!». Se esforzaban todo lo que podían: contramaestres, maquinistas, marineros, camareros, negros y blancos alineados hombro con hombro. Oficiales y hombres sudando y esforzándose, la sirga no se movió ni un milímetro.

Entonces ocurrió algo. De forma incierta y lenta al principio, pero ganando volumen hasta que superaron el rugido de las llamas, los muchachos negros bajo el liderazgo de Frasure, ayudante de intendencia de primera clase, comenzaron un canto improvisado, inventando las palabras sobre la marcha, con el estribillo llegando en un coro in crescendo, «Heave ho, heave ho». Era un espiritual negro creado en el castillo de un barco moribundo; y a medida que el ritmo de sus voces encontraba certeza, el ritmo de los músculos y tendones de la banda empezaba a surtir efecto. La pesada sirga empezó a moverse. Sólo Dios sabe cómo, pero sin duda fueron los camareros negros quienes dieron el impulso emocional para un trabajo sobrehumano.

Pero, por muy sobrehumana y heroica que sea la tarea de arrastrar un largo cable de acero, el proceso de remolcar un buque del tamaño del *Franklin* no es tan sencillo. Es un trabajo complejo, y su éxito depende de la coordinación entre el buque que remolca y el que es remolcado. De ahí la necesidad de una comunicación rápida entre ambos. Mientras la tripulación arrastraba la sirga, un radiotelegrafista improvisaba en la cubierta de vuelo una radio portátil y preparaba un equipo de onda corta para comunicarse con el *Pittsburgh*. Para él, las explosiones que amenazaban constantemente de muerte eran una molestia y nada más. Los radiotelegrafistas, desde los primeros tiempos de la profesión, han tenido fama de «bicho raro», y Stone era un perfecto espécimen de esa clase. Nada podía distraerle de su aparato «casero». A pesar del fuego, las explosiones, el humo y la escora del barco, consiguió contactar por radio con el *Pittsburgh* en menos de una hora.

Mientras Stone podía estar distraído totalmente absorvido por la radio, el resto de nosotros sentimos todo el impacto de un nuevo peligro. Descubrimos allí en la cubierta de vuelo, a menos de cuarenta pies del radiotelegrafista, una bomba sin detonar, una de las muchas de mil libras. ¿Qué hacer? ¿Cómo podíamos mantenerla en posición horizontal a pesar de lo resbaladiza y escorada que estaba la cubierta? El teniente Graham y el capitán de corbeta George Stone trabajaron en la espoleta mientras cinco muchachos mantenían la bomba caliente en posición horizontal, ya que un bandazo repentino habría detonado la cabeza.

Por casualidad, yo estaba presente cuando la bomba fue desactivada. No pude hacer mucho. No sabía cómo. Pero existe el apoyo moral. Así que mientras otros jugueteaban con la mecha o mantenían la bomba quieta, yo me quedé con la despreocupación que pude asumir. Muy humildemente, protesto que no se trataba de una simple pose. Se necesitaban manos y habilidad; era un trabajo peligroso y todo el mundo lo sabía. Al menos podía quedarme al margen y participar en el peligro, no por el mero hecho de participar, sino para hacer ver a los muchachos que quería estar con ellos siempre que estuvieran en peligro.

—Padre, creemos que la bomba está desactivada, pero el mecanismo está atascado y no podemos estar seguros. Si la mantenemos horizontal no puede explotar, esté armada o no; pero si la dejamos caer por la borda, la cabeza se caerá y podría explotar al caer. ¿Puede sacar a los chicos del castillo? Si esta cosa explota, podrían morir allí.

Hay una pasarela sobre el castillo, un escenario natural para un discurso desde el balcón. ¡Pero qué discurso! Por encima del estruendo grité:

—¿Hay algún oficial aquí? ¿Quién es el oficial a cargo?

El capitán de corbeta Downes se identificó y se mantuvo a la espera. Cuando miré hacia abajo pude ver a la mayoría de los hombres ocupados en la sirga. Había algunos allí, sin embargo, que por el momento no estaban ocupados.

—Muchachos, si estáis trabajando aquí, seguid trabajando; si no estáis trabajando, venid arriba a la cubierta de vuelo. Vamos a lanzar una bomba por la borda y podría explotar al pasar por el puente. Si no estás trabajando aquí, no te quedes. Si estás trabajando sigue con ello; tienes que correr el riesgo.

Otro peligro más con el que tenían que lidiar los artificieros. Pero los artificieros habían hecho bien su trabajo y la bomba se había soltado sin peligro.

Puede parecer sorprendente que hubiera alguien en el castillo, alguien en el barco, para el caso, que no estuviera

134

ocupado. Confieso que me pareció sorprendente en ese momento. Afortunadamente, antes de que pudiera hablar imprudentemente, el capellán Gatlin y el doctor Fuelling me informaron de los hechos.

—Hola, Jim, me alegro de verte. No te había visto por aquí y tenía miedo de preguntar.

—Padre, si me ve, es de milagro.

Mientras los muchachos subían por la escalerilla desde el castillo hasta la cubierta de vuelo, Doc Fuelling me contó su aventura, me dio la explicación de los ojos atónitos y apagados que había yo notado. Eran los hombres que habían quedado atrapados en el compartimento de popa. Gary les había dejado con la esperanzadora promesa:

—Encontraré una salida y volveré para guiaros fuera. ¿Me oís? Volveré.

El comedor donde estaban atrapados los varios centenares de hombres estaba en la cubierta número 3 de popa. Sin luz, se había convertido en un agujero negro de calor y terror, ya que no había ojos de buey en el compartimento. Estaba por debajo de la línea de flotación. Las palabras tranquilizadoras de Gary los habían animado, pero el efecto de su promesa pronto se disipó en la creciente tensión que se comunicaba rápidamente en una completa oscuridad que se mecía y estremecía bajo las repetidas explosiones. ¿Por qué no había vuelto?

Ninguno de los presentes conocía la nave como la conocía Gary en su trabajo de ingeniero. Ninguno de ellos se dio cuenta de su situación. Fue mejor que no lo hicieran; su terror podría haberse convertido fácilmente en incontrolable pánico.

Una búsqueda rápida y a tientas indicó a Don Gary que todas las salidas estaban selladas excepto una, que conducía a un callejón sin salida en un compartimento de almacenamiento de bombas. Se dio cuenta de que, con el calor y las sacudidas de aquellos momentos de locura, las bombas podían explotar fácilmente; pero era la única oportunidad que tenía de sacar a los hombres con vida, porque el almacén de bombas daba a un tronco ventilador. Quitó la rejilla, metió su delgado cuerpo por la abertura y volvió al comedor para cumplir su promesa.

—¡Formad una cadena!, ¡que cada hombre agarre a otro! Formad una cadena de veinte. El primer hombre que me agarre. Volveré a por el resto.

Y por el hueco subieron los veinte primeros, solos, pero con rapidez. Los conductos del ventilador estaban llenos de humo. La posibilidad de asfixia era aguda.

Gary conocía a fondo el sistema de conductos de aire, pero las explosiones habían reventado muchos de los conductos y habían sellado otros. Sin conocer el progreso y el alcance de la destrucción de la nave, no podía estar seguro de que un conducto que hubiera elegido no le llevaría al fuego y a otra trampa. Sólo podía elegir el pasadizo adentrándose a tientas en la negrura y tratando en la medida de lo posible de permanecer en los conductos de ventilación más frescos, con la esperanza de que desembocaran en una zona de cubierta relativamente segura. Su problema, tal y como lo vemos ahora después del suceso, puede resumirse de forma sencilla: tenía que encontrar una secuencia de tuberías sin daños que permitiera a los hombres arrastrarse hasta un lugar seguro desde el comedor de la cubierta número 3, a lo largo de unos doscientos metros del barco, hasta la parte delantera de la cubierta 01, ¡seis cubiertas por encima! Cuando volvemos a situar la tarea de Gary en su contexto de terror y urgencia, nos hacemos una idea del heroísmo de aquel hombre, que se abría camino a bordo, babor, proa, popa, arriba y abajo, improvisando y revisando su ruta en cada viaje a medida que nuevas explosiones iban sellando más tuberías. Y volvía. Mientras cada pequeño grupo de veinte personas salía al aire libre, Gary permanecía junto al ventilador. En cuanto el último hombre se liberaba, Gary volvía a subir al respiradero. Bajó y se arrastró a lo largo de una retorcida y tortuosa madriguera de humo y miedo, de vuelta a los hombres atrapados en el comedor de popa —varias veces— hasta que cada uno de aquellos cientos de hombres había sido puesto a salvo.

Jim no me mencionó este hecho, pero el último en salir, en el último grupo, fue Doc Jim Fuelling.

Otros habían escapado de otros compartimentos bajo cubierta. El joven Julius Payak, soldado del cuerpo de marines de Portage, Pensilvania, se estaba lavando los dientes cuando estalló la primera bomba: «Cuando levanté la vista, el espejo que tenía delante había desaparecido, y decidí que era el momento de irme yo también. Corrí hacia el compartimento de los marines, a unos veinticinco metros de donde había impactado la bomba. El humo empezaba a afectarme. Mi litera estaba cerca, y se me ocurrió que debía haber algo de aire en el colchón; arranqué la funda y enterré la nariz en ella. Luego empecé a arrastrarme por la cubierta hasta el pasadizo, y finalmente llegué a la sala de transferencia de municiones, donde era posible tomar un poco de aire porque las tomas estaban abiertas. Cuando tomé aire, subí a cubierta». Así fue como Payak logró escapar, y cuando llegó a la cubierta de vuelo se unió a los bomberos.

Otro soldado raso de los marines, Stephen Nowak, se abrió paso, junto con otra docena de personas a través de compartimentos sofocantes llenos de humo hasta llegar a una escotilla que forzó para abrirla y a través de la cual condujo a sus compañeros a un lugar seguro. Al pie de la escalerilla yacía un marinero, asfixiado, inconsciente. Aquel muchacho le debía la vida a Nowak, que lo puso a salvo.

Mientras estaba en la plataforma transversal, no conocía los detalles de muchas de estas historias de huida. Sólo sabía lo que Jim Fuelling me había contado sobre su grupo. Pero su historia me había resuelto un problema. Ahora no estaría condenando injustamente a los chicos por lo que me parecía una falta de cooperación. Había muchos que escuchaban, pero no oían, que te miraban a los ojos, pero no veían. Estaban conscientes pero no lo sabían. Estaban por el momento aturdidos, sus pulmones aspirando aire fresco y más aire fresco, ahora tan abundante, tan libre, pero hace poco tiempo tan inalcanzable. Más tarde estos chicos ayudarían, pero por el momento sus sistemas tenían que reajustarse al mero hecho de estar vivos.

Habiendo sido conscientes de que había muchos en el castillo y en la cubierta de vuelo de proa que eran incapaces de ayudar, fue más fácil a partir de entonces elegir a los hombres que estaban listos y eran capaces. Se notaba en sus ojos. Sus ojos mostraban que entendían lo que se decía; antes de que sus pies dieran un paso para seguir, sus ojos mostraban su voluntad de seguir.

Se requería una voluntad heroica para llevar a cabo la tarea que ahora nos desafiaba. El capitán de corbeta William R. McKinney era el oficial artillero. Desde la primera explosión había estado luchando contra el fuego, pero tenía otra preocupación más apremiante y vital. Se ocupó de las mangueras, apartando las llamas como paso previo a su principal preocupación: hacer accesible la torreta del cañón de proa y el almacén de munición preparada donde se almacenaban cientos de cartuchos de cinco pulgadas. Una torreta similar en la popa ya había estallado, la explosión más terrible en un día de explosiones terribles. Si la torreta de proa estallaba, el barco podía volar en pedazos. Cientos de vidas se salvarían si se pudiera descargar la munición. Pero «Mac» no podía hacerlo solo, ni tampoco con la ayuda del artillero Stoops y el alférez McCrary, que trabajaban con su jefe, en lo que era un trabajo propio del departamento de artillería. Necesitaban voluntarios para formar una brigada de proyectiles, una cadena de hombres para pasar los proyectiles calientes de mano en mano desde la torreta más interna hasta la pasarela exterior, donde podían ser arrojados al mar. Una tarea arriesgada.

Aunque puedo decir sinceramente que para entonces la rutina, y tal vez las meditaciones momentáneas sobre la eternidad que había estado haciendo durante toda la mañana, se habían combinado para eliminar todo temor de peligro para mí mismo, otra cosa muy distinta era pedir a los demás que se unieran para ayudar a «Mac». Yo tenía aquí la responsabilidad más pesada, la responsabilidad por la vida de los demás. Recé una rápida plegaria para que tomara la decisión correcta y tuviera fuerzas para seguirla, uno de los pocos momentos del día en que encontraba tiempo para rezar explícitamente para que me guiaran.

A medida que avanzaba entre los muchachos, empecé a darme cuenta del peso de la responsabilidad por todas las vidas a bordo que recaía sobre los hombros del capitán Gehres. Su capacidad para evaluar todos los factores y luego tomar una decisión y mantenerla a menos que aparecieran otros factores que cambiaran la situación, su fuerza de carácter, su voluntad de asumir una gran responsabilidad con firmeza, calma y confianza, influyeron en mi propio comportamiento. Con una oración como guía y con el capitán como ejemplo, me dirigí a los muchachos: «Chicos, el comandante McKinney está tirando munición, proyectiles de cinco pulgadas; y están calientes. Es peligroso, pero es necesario. Necesita ayuda. ¿Queréis venir?» Hubo más voluntarios de los necesarios. Así que nuestra brigada de proyectiles se unió a McKinney, McCrary y Stoops.

Es una sensación extraña, abrirse paso entre el humo y las llamas para entrar en una torreta llena de munición. Los peligros reales no me preocupaban mucho, pero siempre he sido víctima de la claustrofobia. Para mí, entrar en un espacio pequeño y cerrado como aquella torreta exige un esfuerzo de la voluntad, y sólo se consigue a costa de sudores fríos. No me importaba tanto la idea de volar por los aires. Me importaba mucho estar encerrado. Una fobia tonta, me di cuenta, pero confieso que me costó un esfuerzo superarla.

Una vez en la torreta, los hombres se pusieron rápidamente a trabajar. Se formó una cadena para pasar la munición. Uno de los muchachos captó la idea (típicamente estadounidense, y sólo los americanos, creo, pueden actuar así) y gritó: «Aquí está, Padre. Alabad al Señor y *tirad* la munición»[9]. No hay quien supere a los chicos con ese espíritu. Conocían el peligro, sentían las ampollas que se les formaban en los dedos –los proyectiles estaban muy calientes–; sabían que el proyectil que sostenían ahora, o el que estaban a punto de manipular, o el siguiente, o cualquiera de los cientos que iban pasando a lo largo de la línea podía estallarles en la cara. Lo sabían, pero eran lo bastante sensatos como para no pensar en ello. «Alabad al Señor y tirad la munición».

Afortunadamente, los muchachos no esperaban que me quedara trabajando en la línea demasiado tiempo. Uno con huesos crujientes como los míos ralentizaría la operación. Sin embargo, creo que sí querían que empezara. No se debe pedir a los muchachos que hagan lo que uno mismo no está dispuesto a hacer. Sin embargo, a pesar del crujido de los huesos, no recuerdo que los proyectiles me resultaran pesados. Recuerdo muy bien que estaban calientes. Muchos días después, impulsado por la

---

[9] *Praise the Lord, and pass the ammunition* fue una canción patriótica, lanzada en 1942, tras el ataque a Pearl Harbor. El chico realiza un juego de palabras con el título de la canción, entonces en boca de toda la marinería y grita: «Praise the Lord and *dump* the ammunition».

curiosidad, levanté un proyectil del 38 de cinco pulgadas. Podía hacerlo, pero con dificultad y lentamente.

Los chicos eran fornidos y no les importaba el peso de los proyectiles. Tampoco les importaba el peligro; desde el principio del episodio lo habían aceptado. Pero el calor y el humo mermaron sus fuerzas y pronto se necesitaron más voluntarios.

La necesidad se satisfizo rápidamente. Se formó un nuevo turno. Fue sólo cuestión de minutos organizarlos, y se hicieron cargo. Pero Mac se quedó; como oficial artillero sentía una responsabilidad especial: no iba a permitir que su munición destruyera el barco. Este episodio en la torreta fue difícil. Me quedé con la banda que trabajaba dentro, y para cuando se arrojó la última bomba mi cerebro y mis pulmones necesitaban aire.

Había más proyectiles en la cubierta inferior, muchos más de los que se podían arrojar en el tiempo disponible. Además, se encontraban en un polvorín mucho más inaccesible que la torreta, es decir, inaccesible para los hombres, pero no para las llamas. Mientras la brigada de proyectiles arrojaba munición desde la torreta de la cubierta superior, un equipo de mangueras se abría paso entre el humo y el fuego hasta llegar a la abertura del polvorín en la cubierta de la galería. Este espacio también era estrecho y, por tanto, incómodo para un claustrofóbico. Pero se consiguió inundar la munición.

Soy consciente de que este relato tendría más valor como historia, y presentaría una imagen más clara al lector, si los acontecimientos estuvieran catalogados cronológicamente. El comandante Steve Jurika, el navegante que no podía manejar un barco muerto, llevaba un diario de a bordo preciso; era una de sus obligaciones. Pero nadie más a bordo tenía una idea correcta y adecuada del paso del tiempo. Había períodos de una hora en los que, como para Josué, el sol permanecía inmóvil. Había lapsos de un minuto que parecían prolongarse durante horas. Einstein ha escrito eruditos tratados sobre la relatividad del tiempo, y muchos le han seguido. Sólo Heidegger, que yo sepa, ha descrito adecuadamente la relatividad del tiempo psicológico. En el *Franklin* del 19 de marzo todos, excepto Steve Jurika, vivían el tiempo psicológico. A un lector le parecería fantástico decir «hace tres horas después de un minuto» o «hace un minuto después de tres horas». Para los embarcados en el *Franklin* no era fantástico, era real: su única medida era el tiempo psicológico. Pero será mejor prescindir de la psicología y decir simplemente «algún tiempo después» o «más o menos a esta hora».

Para entonces, los fuegos de la cubierta de vuelo habían retrocedido hasta un punto situado frente a la isla, más o menos en medio del barco. Estábamos haciendo progresos, pero eran lentos, y el episodio del polvorín de cinco pulgadas había convencido al teniente *Steamboat* Graham de que no era suficiente con luchar contra los incendios sólo en la cubierta de vuelo. Inmediatamente debajo estaba la cubierta de la galería, y aunque habíamos conseguido inundar el polvorín, allí se almacenaban grandes cantidades de otros equipos inflamables. Para tener éxito tendríamos que combatir el fuego tanto desde la cubierta del hangar como desde arriba. Hasta ahora, la cubierta del hangar había sido un infierno abrasador en el que nadie podía aventurarse. Pero el fuego había sido tan intenso que todo lo que podía arder allí debía de haberse consumido hacía tiempo. Graham estaba decidido a investigar. Si el calor y el humo no eran demasiado intensos, se podría colocar una manguera y atacar desde abajo el incendio de la cubierta de la galería.

Por segunda vez aquella mañana seguí a Graham, no porque quisiera, sino porque pensé que no debía ir solo. Graham se detuvo ante la pequeña puerta de la pasarela de babor, en el pasillo de la galería situado directamente debajo de la cubierta de vuelo. Vaciló brevemente. No había nada inusual en esta abertura en particular. En casi todos los demás lugares, las bombas y los cohetes habían abierto brechas en los costados de la nave; grandes agujeros con bordes dentados que asustaban principalmente porque ningún plan humano los había diseñado. Pero la abertura por la que empezó a entrar Graham no daba miedo; era una puerta en el lugar y la forma adecuados, como marcaban los planos de la nave. Pero dentro sólo había oscuridad vacía, oscuridad sólida que podía ocultar el hecho de que los suelos del pasadizo habían volado por los aires, oscuridad opaca que ninguna linterna podía disipar.

—¿Vas a entrar? –le pregunté.

—Sí.

—Entonces te seguiré. Vamos.

—Arrástrese detrás de mí sobre manos y rodillas. Use su luz como ayuda. No ayudará mucho; tendremos que tantear el camino. No me empuje, pero manténgase cerca.

144

Graham no tenía miedo del pasaje, pero no le gustaba. Al entrar, le gustó menos. Incluso con un compañero pisándole los talones, la oscura incertidumbre seguía amenazándole delante. La cubierta de vuelo era mala, pero estaba abierta. Podías ver las llamas y a tus compañeros. En este pasadizo podía estar escondido el mismísimo diablo y no podías verlo. Ni siquiera podías oler al diablo aquí. No se puede oler nada. El humo espeso ahoga el instinto incluso antes de ahogar los pulmones. Tóselo, escúpelo, a ver si así queda algo de aire para respirar. ¿Puedes oír al diablo en este oscuro pasadizo? Se oye una cacofonía de ruidos bastante diabólica. El crepitar constante de las llamas, cercanas o lejanas; un ruido compuesto de quejido y silbido y chillido seguido de una explosión amortiguada: ¡otro cohete! Y el goteo del agua, el sonido del agua goteando desde la cubierta de vuelo donde podría ayudar a controlar las llamas y buscando las bodegas inferiores donde podría llegar a volcarnos.

¿Podrías reconocer al diablo aquí, aunque lo tocaras, tropezando con él con la mano asomando en la negrura? Tocabas, o te tocaban, cosas húmedas y desconocidas, espeluznantes restos podridos que yacían en la cubierta o colgaban de las paredes. Te arrastrabas sobre ellos, pasabas chocando. Tanto si *Steamboat* se imaginaba al diablo delante como si no, creo que apreciaba que el Padre le pisara los talones.

El gateo de Graham se hizo más lento, se detuvo. Me puse a su lado. No podíamos ver bien, sentíamos el espacio vacío delante. Un agujero en la cubierta se mostraba tenuemente, ligeramente menos negro que el pasadizo.

Formas imprecisas, estalactitas dentadas de acero colgaban hacia el nivel inferior. Pero el agujero de la cubierta no era demasiado grande. Tumbado sobre la cubierta y agarrado a algún saliente, Graham pasó el pie por el hueco y probó fuerzas. Arrastrándose y aferrándose a los costados, logró pasar. El pasadizo era más oscuro y el humo más asfixiante. Sólo llevábamos cien segundos en el pasadizo, pero eran segundos muy lentos; sólo habíamos avanzado seis metros por el pasadizo, pero eran metros muy largos.

La cubierta del hangar estaba caliente, pero no demasiado llena de humo, y no había grandes incendios. Desde aquí, un equipo de mangueras podía trabajar en los incendios de la galería, siempre que los hombres fueran relevados cada veinte minutos. Volvimos en busca de ayuda.

En el segundo viaje desde la parte superior llevamos a un grupo de voluntarios de la tripulación de la manguera, pero cuando llegamos abajo ya no estaban con nosotros. No era propio de los muchachos ofrecerse voluntarios para tareas peligrosas y luego renunciar. Debía haber alguna explicación especial. La hubo. En el camino de bajada, en un punto donde el humo era más denso, Graham y yo nos habíamos arrastrado sobre un cuerpo y no lo habíamos visto. Aunque no temían a la muerte, los muchachos sentían un temor abrumador por los muertos. Volví a rezar por un alma difunta y trasladamos el cuerpo. Luego bajamos el equipo de mangueras a la cubierta del hangar, y valientemente se pusieron a trabajar.

Mientras se combatía en los hangares y en las cubiertas de vuelo y se lanzaban proyectiles desde las torres en llamas, el *Franklin* seguía siendo un buque de combate y estaba bajo la amenaza continua del ataque aéreo del enemigo. No teníamos muchos cañones en condiciones de funcionar, pero los que teníamos debían ser tripulados. La mayoría de las tripulaciones originales de los cañones habían muerto en las explosiones iniciales, y ahora se organizó una tripulación de voluntarios para manejar el montaje de cuarenta milímetros situado sobre el puente. Robert Oxley era artillero de tercera clase. Se presentó voluntario, al igual que Bob Dixon, sargento primero del Cuerpo de Marines. También estaban Wilfred Williams, oficial de tercera; Charles Finkenster, que trabajaba en la lavandería; Wells Wilson y Audred Deliver, marineros.

Mientras el variopinto grupo se reunía, Wallace Klimkiewicz estaba en el puente. Había estado de servicio como ordenanza del capitán cuando nos alcanzaron, y allí se había quedado. Se había quedado allí. Cuando las explosiones alcanzaron su punto álgido y el puente se convirtió en el lugar más peligroso del barco, el capitán le dijo a Klim que se dirigiera hacia el castillo, donde estaba más seguro. El capitán aún se ríe de la respuesta.

—Con el perdón del capitán, señor, el ordenanza del capitán se quedará en su puesto.

Klim había ocupado su puesto en el puente hasta ahora, cuando se abrió un puesto igual de peligroso. Se acercó al capitán.

—Pidiendo perdón al capitán, señor, el ordenanza del capitán solicita permiso para unirse a la tripulación del cañón.

—Pero Klim, ¿puedes manejar un arma de cuarenta milímetros?

—¡Capitán, señor, un marine puede hacer cualquier cosa!

No era un alarde vano. Al menos una vez, la tripulación del cañón fue la única responsable de salvar el barco. Un avión japonés atravesó nuestra escolta y se lanzó en picado contra nosotros. Aquellos muchachos lograron apuntar al avión y obligaron al japonés a salir de su picado lo suficiente para lanzar la bomba a unos quince metros a popa. El japonés falló porque ellos le hicieron fallar.

Aquel casi fallo fue un alivio para los que estábamos en cubierta, pero fue otra nueva tortura para los muchachos atrapados en el timón de popa. Eran los chicos que habían transmitido los mensajes desde el puente a los ingenieros, chicos que desde el primer momento del ataque habían estado prisioneros en lo que bien podría ser su tumba. Holbrook Davis estaba allí y Bill Hamel, Jim Gudbrandsen, Larry Costa y Norman Mayer.

Hablé con ellos por teléfono.

—Compañeros, os habla el capellán. Estáis en una situación difícil, pero el capitán dice que os sacará, y eso significa que os sacará. Pero aún no podemos hacerlo; aún no podemos llegar hasta vosotros. Los fuegos están retrocediendo, así que mantened el ánimo. ¿Tenéis luces de emergencia ahí abajo? Entonces estáis mejor que nosotros. Distraeos como podáis y rezad.

Pasarían muchas horas antes de que el capitán pudiera cumplir su promesa, pero al final, la cumplió.

Los incendios de las cubiertas de vuelo y de la galería retrocedían lentamente (oh, tan lentamente), pero retrocedían lo suficiente como para permitirnos ver que aún más atrás se encontraban seis de nuestras propias bombas de mil libras que, por alguna razón, aún no habían explotado, a pesar de que estaban armadas y llevaban horas envueltas en llamas. Un equipo de mangueras luchó a través del humo y las llamas hacia las bombas, mientras otro equipo mojaba esta manguera delantera y al equipo que la manejaba. Se acercaron a menos de dos metros de las bombas y luego, ahogados por el humo y chamuscados por las llamas, se pusieron a mojarlas. Había que tener cuidado de no golpear las bombas directamente; la presión de la manguera detonaría las espoletas. Les dije a los muchachos que hicieran rebotar el agua sobre la cubierta y rociaran las bombas. El jefe de la cuadrilla, con un humor característicamente americano y deliciosamente cínico, se volvió y dijo: «Eso, padre; ¡no corramos riesgos innecesarios!»

Mientras los muchachos rociaban las bombas y el capitán de corbeta George Stone las desactivaba, fuimos atacados por otro avión japonés, esta vez un caza. Llegó rápido y bajo, ametrallando la cubierta. Todos se agacharon, protegiéndose bajo los cascos. Placito Abbelon, un chico filipino, jefe de cocina, se echó al suelo a mi lado.

Para él, este ametrallamiento fue la gota que colmó el vaso. Nunca he visto, ni espero ver, a una persona más completamente asustada. Con las balas salpicando a nuestro alrededor, pronuncié el acto de contrición en su oído. Intentó repetir la oración, pero los músculos de la mandíbula no le funcionaban. No articulaba palabra. Le di la absolución. Más rápido de lo que se tarda en contar, el ametrallamiento había terminado y seguíamos vivos. Pero no había tiempo para alegrarse. Los segundos eran valiosos; no podíamos permitirnos que las llamas alcanzaran de nuevo esas bombas.

—Vamos. Tenemos que volver a las mangueras.

Física y psicológicamente desconcertado, verde de miedo, Abbelon regresó. Y como era tan evidente que tenía un gran miedo que vencer, y lo había vencido, su ejemplo hizo que otros treinta muchachos regresaran en cuestión de segundos. Buena parte del mérito de haber evitado la explosión de aquellas seis bombas debe atribuirse a Abbelon.

El lanzamiento de estas bombas marcó uno de los puntos de inflexión en la lucha por salvar el barco. No se produjeron más explosiones, excepto la de las pequeñas balas de calibre cincuenta, cuyos cinturones habían quedado esparcidos por las explosiones anteriores. Al incendiarse, estallaban como haces de petardos.

El barco ya no estaba a la deriva hacia Japón. Por fin estábamos remolcados por el *Pittsburgh*. Joe Taylor había realizado la casi imposible proeza marinera que exigía la orden del capitán: «Remolquen el barco». Nos dirigíamos a casa, plenamente conscientes, sin embargo, de la disparidad de distancias: las costas japonesas a cuarenta millas, las costas nacionales a once mil millas.

Los incendios seguían siendo una amenaza, pero los estábamos controlando; los aviones japoneses seguían siendo una amenaza, pero en las últimas dos horas ninguno había logrado romper la defensa antiaérea de nuestros barcos de guardia.

La puesta de sol trajo una razonable sensación de paz y un gran aumento de la confianza. Antes, no muchos habrían apostado por nuestras posibilidades. Pero ahora, si los aviones japoneses no entraban durante la noche, si lográbamos controlar los incendios, si la gasolina seguía saliendo del tanque principal inofensivamente, sin que las llamas la atraparan; si todos estos «si» se cumplían, sobreviviríamos. Cayó la oscuridad y el capitán respiró más tranquilo. Por supuesto, seguíamos siendo un armatoste en llamas, visible a kilómetros de distancia en mar abierto, un blanco perfecto para un ataque aéreo nocturno; aun así, comparado con lo que ya habíamos pasado, estábamos comparativamente bien.

Según las normas de guerra, al anochecer deben apagarse todas las luces; ni siquiera un cigarrillo puede brillar en una cubierta exterior. En ese momento, con una gran bocanada de alivio, el capitán Gehres encendió un cigarrillo en el puente de su barco en llamas. Pero sólo pudo dar una calada.

—Disculpe el capitán; señor, el barco está en la oscuridad. No se permite fumar en la cubierta exterior.

Sí, era Klimkiewicz, el ordenanza-artillero del capitán, de guardia en el monte justo encima del puente.

VIII. UN BARCO QUE NO MORIRÁ

La hora del atardecer es la hora de cenar, así que en el *Franklin* cenamos. Media rebanada de pan (¿recuerdas que el *Santa Fe* nos había entregado unos sacos de pan?) y un poco de grasa de tocino. Nos lo tragamos con la garganta seca. No teníamos agua para hacerlo pasar; no tendríamos agua durante días. Comí mi ración en el puente, charlando con el capitán Gehres, el comandante Joe Taylor y el comandante Jurika. «La mejor maldita comida que he probado», dijo Joe. Relativamente hablando, supongo que lo fue.

Durante la cena hablamos de los acontecimientos del día. Todavía no nos dábamos cuenta del todo de las proporciones del trabajo que se había hecho, pero empezábamos a hacernos una idea. Ya se hablaba en el barco de hazañas de extraordinario heroísmo: el espectacular rescate por Don Gary de los trescientos hombres atrapados abajo, la forma magistral en que Doc Fuelling había evitado el pánico entre los muchachos atrapados, la lucha contra el fuego de Graham y Morgan y Harris. Entre todos ellos, quizá la labor de Joe Taylor destacó más porque no parecía tan espectacular como imposible.

—Joe, ¿cómo conseguiste remolcarnos?

—Bueno, capitán, cuando me dijo que hiciera los preparativos, no sabía qué hacer, y no había ninguna posibilidad de buscarlo en un libro. Soltamos el ancla de estribor para poder usar después la cadena. Improvisamos, y de alguna manera, conseguimos pasar esa sirga de remolque. No sé cómo lo hicieron los chicos, pero yo diría que los auxiliares y los camareros merecen mucho crédito. ¡Ojalá hubiera escuchado ese cántico, capitán!

El comandante Bill Hale también estuvo allí durante el breve descanso. Añadió sus historias de heroísmo a la saga. Las contó con sencillez, sin dramatismo, porque en la mayoría de ellas había participado.

Era una sensación agradable navegar a seis nudos remolcado por el *Pittsburgh*. Normalmente, semejante velocidad sería despreciada incluso por un barco de vapor, por no hablar de uno de los buques insignia de la Fuerza Operativa 58. Pero las cosas hoy no eran ordinarias, y hay una diferencia infinita entre estar muerto en el agua y navegar incluso a seis nudos. Me recuerda al manido chiste académico: 2 x N es mayor que 9 x 0. Sin embargo, esta sesión fue sólo un respiro. Aún quedaba mucho por hacer, así que nos separamos y volvimos al trabajo.

Durante las dos últimas horas Tom Greene, el oficial de máquinas, había estado enviando mensajeros o yendo él mismo desde el castillo a las inmediaciones de las salas de máquinas, comprobando si eran accesibles. Era como Noé enviando sus palomas desde el arca. Y al igual que las palomas acabaron encontrando la cima de una colina, con el tiempo Greene encontró el camino hasta la sala de máquinas. El calor era casi insoportable y el humo seguía siendo espeso. Se utilizaron los respiradores de rescate prestados por el *Santa Fe*. Varios oficiales de ingeniería bajaron, abrieron los conductos de ventilación que pudieron, encontraron más respiradores de rescate y demostraron con sus propias reacciones que, aunque los muchachos podían sufrir por el intenso calor, podían soportarlo.

Hacia las nueve, todos los oficiales y hombres de máquinas que habían estado organizados y listos desde el mediodía, regresaron a sus puestos. La temperatura en las cámaras de combustión y en las salas de máquinas era todavía de unos 65 grados, pero durante toda la noche trabajaron encendiendo los fuegos, aumentando el vapor, haciendo reparaciones de emergencia, ejecutando las mil cosas necesarias para devolver la vida a un barco muerto.

Se formó una guardia de calderas para vigilar los manómetros a medida que aumentaba la presión del vapor, ya que nadie estaba completamente seguro de que las calderas, sobrecargadas por las explosiones, no les estallaran en la cara. James Brumfield se ofreció voluntario para este trabajo, y James Turner, Ralph Barry, John McCaffrey, Welton Howge. El suyo fue el tipo más puro de valentía, ya que la acción en sí concentraba su mente en los peligros y su trabajo no ofrecía ninguna distracción de la constante amenaza de muerte inminente. Estos muchachos merecen un gran reconocimiento, al igual que *todos* los oficiales y hombres del departamento de ingeniería. Trabajaron toda la noche en medio del humo, el calor y el peligro.

Mientras los ingenieros trabajaban, algunos de los demás pudieron echar una cabezadita. La mayoría de las habitaciones de los oficiales en la sección de proa del barco (y eran pocas) no habían sufrido daños, pero casi todos los compartimentos asignados a los hombres habían sido consumidos por el fuego. Las habitaciones fueron entregadas a los muchachos, y mientras ellos dormían, dos o tres por litera, los oficiales prosiguieron las labores de extinción. El capellán Gatlin, ahora liberado de su tarea de calmar y tranquilizar a los chicos mientras escapaban de las trampas bajo cubierta, se unió a la tripulación de las mangueras. Gats era así, hacía bien su trabajo, y cuando éste terminaba, buscaba otro, siempre silenciosamente, eficiente y fiable. Varias veces durante la noche las llamas se recrudecieron, y hubo momentos en que pensamos que todo lo que se había ganado durante el día se perdería por un cambio del viento o una nueva explosión de gasolina.

Con *los* fuegos del Franklin ardiendo intensamente, convirtiéndolo en un faro llameante visible a millas de distancia, los aviones japoneses volvieron con fuerza contra nosotros. Su último ataque había sido justo antes del atardecer, antes de que nos remolcaran. Los japoneses habían calculado cuidadosamente nuestra posición, la fuerza del viento, las corrientes. Determinaron con precisión cuál sería nuestra posición exacta a medianoche. Sus aviones volaron directamente a ese punto, ignorando la llamarada a unas veinte millas de su cálculo.

Justo encima del horizonte se libraba una poderosa batalla aérea: cazas y bombarderos japoneses contra cazas de la Fuerza Operativa 58 asignados para darnos protección aérea. Observamos el espectáculo desde el *Franklin*. Un resplandor cegador en el cielo, una masa de llamas precipitándose al mar... ¿un avión japonés o uno de los nuestros? No podíamos saberlo. No teníamos un marcador con los nombres y números de todos los jugadores. Al igual que Francis Scott Key[10], mientras observaba por la noche los cohetes de 1814, no estábamos en condiciones de saber el resultado. No lo supimos hasta que cesaron las llamaradas. Como ningún avión nos molestaba, dedujimos que la mayoría de las «salpicaduras» eran japonesas. Nuestros cazas volaban en círculo. Más tarde supimos que cuarenta aviones japoneses habían sido destruidos.

¿Por qué los japoneses no desviaron su rumbo y dirigieron su ataque contra el *Franklin?* Quizás porque eran japoneses. Los pilotos estadounidenses habrían reconocido inmediatamente que sus cuidadosos cálculos se habían vuelto inútiles y habrían puesto en juego un poco de iniciativa individual.

Cuando las señales piden un barrido por la derecha y es obvio que algo ha salido mal en la jugada y que todo el once contrario se está abalanzando, un chico estadounidense intentará deslizarse fuera del tackle izquierdo. Al parecer, los japoneses no conocían el fútbol americano. La última vez que observaron al Franklin, estaba muerto en el agua, a la deriva a una velocidad definida en una dirección definida. Se negaron a considerar siquiera la posibilidad de que la situación hubiera cambiado, a pesar de la evidencia de sus sentidos y de nuestro barco en llamas.

---

[10] Es el autor de la letra del himno de los USA, *The Star-Spangled Banner*, compuesta tras la batalla de Fort McHenry durante la guerra de los Estados Unidos con Inglaterra.

Tal vez, sin embargo, los japoneses estaban rindiendo un tributo indirecto al trabajo realizado por Joe Taylor; probablemente pensaban que un armatoste en llamas del tamaño del *Franklin* no podría llevar aparejada una sirga.

Durante toda la noche, los aviones surcaron el cielo. De vez en cuando, con la brisa nocturna, el sonido de los motores llegaba hasta nuestros oídos, pero nunca se acercaban demasiado. Estaban allí para protegernos, no para asustarnos. En la oscuridad no se puede distinguir al amigo del enemigo; los amigos mantenían la distancia y hacían que el enemigo mantuviera la suya.

Después de la gran batalla aérea, y cuando nuestros fuegos estaban bien controlados, el capitán Gehres, que no había olvidado ni una sola vez su promesa a los muchachos atrapados en la parte de popa, se dispuso ahora a cumplirla. El teléfono de combate seguía en servicio. Fue una gran emoción para los que estaban en el puente oír al capitán hablando con Davis y su tripulación. «El teniente Wassman está organizando un grupo de rescate; ya va de camino; continuaré manteniéndoles informados». Fue una emoción aún mayor para aquellos chicos que llevaban diecisiete horas atrapados abajo. Ed Wassman y su equipo voluntario de rescate se dirigieron a popa a lo largo de la cubierta de vuelo, bordeando los numerosos agujeros.

En la banda de babor era imposible encontrar una escalera, pues toda esa sección del barco había volado por los aires. A estribor, las escaleras estaban torcidas, pero era posible descender. Pasaron junto a un equipo de mangueras agotados, que lavaban la gasolina que seguía chorreando por un pasillo que resultó ser un callejón sin salida. Volvieron sobre sus pasos, serpenteando por un pasadizo, luego por otro, pero siempre yendo hacia popa, hacia abajo. Era como explorar una jungla a oscuras. Los antiguos pasadizos habían sido bloqueados, los nuevos habían sido reventados a través de los mamparos. Un giro equivocado o un paso en falso y el grupo de rescate podría descubrir que ellos mismos estaban atrapados. Avanzando a tientas por la oscuridad de compartimentos fétidos y llenos de humo, trepando por encima y por debajo de los restos de acero, sorteando el agua que, a veces, les llegaba a la cintura, bajaron hasta el compartimento situado inmediatamente encima de la popa del timón y descubrieron que también estaba lleno de agua. Impertérritos, los muchachos volvieron sobre sus pasos y regresaron con bombas manuales.

Mientras se oían palabras de ánimo desde el puente, Davis, Gudbrandsen y el resto podían oír la nueva actividad en el compartimento que tenían encima. El nivel del agua era ahora de un metro y medio. Uno de los rescatadores consiguió abrir una puerta del mamparo y el agua retenida se vertió en la oscuridad. Sólo quedaban 15 centímetros de agua en la cubierta, insuficiente para causar daños si se avisaba a los chicos de abajo. Se les envió un mensaje que fue contestado por Davis. Abrió la escotilla y el agua se derramó. Así, después de muchas horas de ansiedad para todos, estos chicos se salvaron.

Durante esas horas de media guardia, mientras los marineros dormían en las literas de los oficiales, éstos seguían ocupándose de las mangueras, echando algunas cabezadas en la cubierta, listos para una emergencia instantánea.

Mucho antes del amanecer el barco estaba despierto. Oficiales y hombres estaban cansados, hambrientos, conscientes de los peligros que aún les acechaban y del agotador trabajo que tenían por delante. Pero el barco estaba vivo. Los ingenieros habían cumplido su promesa.

Todavía teníamos media rebanada de pan por hombre y unas cuantas latas más de grasa de tocino, e incluso algunas latas de zumo de fruta que el teniente Jesse Albritton, uno de los oficiales de suministros, había rescatado. Albritton había pasado la noche entrando peligrosamente en los almacenes de emergencia. Mientras él seguía buscando provisiones de emergencia, Frasure, el oficial de a bordo que había compuesto el «canto del remolque», fue conmigo y media docena de sus compañeros a los almacenes de la cocina en busca de comida. Acudieron vacilantes, pues sabían que podíamos entrar fácilmente en un compartimento y encontrarnos allí atrapados. Pero su vacilación era un tributo más a su valentía. Vinieron a pesar de los peligros.

Estos muchachos negros, que el día anterior habían trabajado tan valientemente como cualquiera a bordo y que, con sus cánticos, habían aportado un ímpetu emocional que quizá ningún otro hubiera podido aportar, volvían ahora humilde y sencillamente a su función rutinaria a bordo, la de proporcionar comida. Nuestra búsqueda no tuvo mucho éxito, pero encontramos más bacón y zumo de fruta. Como dijo uno de los muchachos: «Nuestra búsqueda no fue infructuosa; trajimos a casa el tocino».

Nos esperaba un trabajo duro y deprimente. Los ingenieros continuaron su tarea y a las nueve el capitán Gehres indicó al *Pittsburgh* que ya podíamos avanzar a doce nudos con nuestra propia fuerza. Soltamos amarras. Volvíamos a ser un barco vivo e independiente. Pero había muchos cientos de personas a bordo que no vivían. Se organizaron grupos de entierro a cargo del Dr. Smith. Todos los médicos y dentistas y ambos capellanes, ayudados por unos ochenta hombres, se dedicaron a la solemne tarea de enterrar a los muertos.

Algunos cuerpos eran fácilmente accesibles; la mayoría, no. Era como deambular por una espesa maleza. A tres metros podías ver un objeto, pero en medio había tres metros de enredo y tardabas quince minutos en abrirte paso. Las cubiertas y las vigas del *Franklin* eran una jungla de acero. Explosión tras explosión habían destrozado el barco. Cabrios, vigas en forma de «I», mallas de acero, redes de acero, pasarelas de acero, equipos de acero, se habían estrellado contra las cubiertas. No era raro trabajar durante una hora, levantando, empujando, abriéndose paso a través de los restos del naufragio para avanzar cuatro metros y alcanzar el cuerpo de un camarada muerto. Estos muchachos no habían muerto aplastados; habían muerto en el primer gran destello de las llamas de la gasolina. Pero después de la muerte habían quedado atrapados entre los escombros de las explosiones. Nuestros servicios funerarios fueron breves pero reverentes. El cuerpo de un ser humano es, por la gracia de Dios, un templo del Espíritu Santo. Por breve que sea la ceremonia del entierro en el mar, hay en ella algo que trasciende en solemnidad a la ceremonia de cualquier entierro en un cementerio. Tal vez subconscientemente, la mente capta un gran simbolismo natural. Así como el cuerpo es entregado a la inmensidad del agua, el alma es entregada a la inmensidad de un Dios misericordioso.

Durante todo el día continuaron los entierros. Se sacaba un cuerpo de entre los escombros de acero, se levantaba suavemente en una camilla y se llevaba al alcázar. Allí, el capellán Gatlin o yo mismo rezábamos una breve oración y se enterraba a otro de nuestros antiguos compañeros.

En un momento dado, los entierros en la cubierta del hangar se vieron interrumpidos por una petición del electricista jefe Phillips. La mañana anterior, en el momento álgido de las explosiones, Phillips había sido uno de los principales salvadores de muchos hombres atrapados en el compartimento eléctrico principal. Había rescatado a hombres en peligro de morir literalmente asados. A algunos no los había rescatado; ya estaban muertos. Phillips nos preguntó ahora si enterraríamos a esos muchachos. Le seguimos hacia abajo hasta las entrañas del barco, y allí, en el cuadro eléctrico principal, vimos un ejemplo de extrema devoción al deber: cuatro muchachos que habían estado manejando los controles, muertos en sus puestos; otros dos estaban muertos en la cubierta junto a ellos. Con profundo agradecimiento por el sacrificio que habían hecho, enterramos a estos muchachos que, sabiendo que sus esfuerzos ayudarían a mantener el buque en servicio, habían permanecido en sus puestos.

A los chicos no les gusta subir cadáveres quemados por escaleras empinadas. Creo que yo cargué con la mayoría de los cadáveres. Ha sido fuente de varias pesadillas desde entonces, quizá porque en un viaje estaba tan agotado que me quedé dormido un momento en un peldaño de la escalera. Es desconcertante despertarse y encontrarse abrazado y frente a un cadáver quemado. Era necesario dar a los enterradores frecuentes descansos de su agotadora y deprimente tarea. Era necesario vigilarlos cuidadosamente para que las mentes jóvenes, ya sometidas a una tensión superior a la soportada por la mayoría de la gente durante toda una vida, no llegaran al límite. En una de esas ocasiones, el capellán Gatlin se me acercó.

—Joe, estoy casi al final de mi cuerda.

A lo que respondí:

—Me alegra oírlo, porque yo también estoy al límite de mis fuerzas. ¿Qué opinas de los chicos? ¿Deberíamos enviarlos ahora a proa para que descansen, o podemos seguir un poco más?

Un cigarrillo fumado en la tranquila brisa del castillo reanima rápidamente a un estadounidense. Durante estos descansos, yo hablaba con los muchachos y ellos charlaban entre sí. Durante uno de esos recreos el Dr. Sam Sherman y yo estuvimos hablando.

—Supongo que Bill Fox está definitivamente muerto. No he oído nada sobre él.

—Sí, –dijo Sam– está muerto. Un gran hombre. He oído cómo murió.

Entonces Sam me contó lo que se sabía sobre los últimos momentos del Dr. Bill Fox. Cuando cayó la primera bomba japonesa, Bill estaba en la consulta del médico, en la tercera cubierta, a estribor. La explosión había dejado un pasadizo que podía llevar a un lugar seguro. Lo señaló e indicó al enfermero que subiera.

—Iré a la enfermería y veré qué puedo hacer por los muchachos.

Poco después murió allí con sus pacientes, atrapado y muerto por otra explosión. Mientras Sam terminaba su historia, mis pensamientos volvieron a la misa previa al combate en la que Bill había servido de monaguillo.

Pero no podíamos dedicar toda nuestra atención a los muertos mientras hubiera muchachos atrapados abajo. Una y otra vez se interrumpían los entierros al surgir nuevas y urgentes necesidades de grupos de rescate. Hacia el mediodía se encontró a un muchacho gravemente quemado, en estado de shock y bastante irracional. Tendríamos que habernos dado cuenta de lo trastornado que estaba cuando insistió en que, cuando nos alcanzaron, se estaba cortando el pelo y que otro chico y el barbero seguían en el compartimento. Tendríamos que habernos dado cuenta de que nadie se cortaría el pelo a las siete de la mañana y durante un combate. Pero aunque hubiéramos estado seguros de que el muchacho hablaba irracionalmente, no podíamos arriesgarnos cuando había una vida en juego.

Así que se organizó otro grupo de búsqueda. Nos dirigimos al compartimento designado, chapoteando en el agua, chocando contra los escombros, preguntándonos por qué los muchachos deben elegir los compartimentos más inaccesibles del barco para sus barberías informales. El lugar al que nos enviaron fue registrado minuciosamente; y no se encontró a nadie, ni vivo ni muerto.

Mientras los equipos de enterramiento se dedicaban a su solemne tarea, otros se encargaban de retirar los restos. En la cubierta del hangar y en la cubierta de vuelo, el teniente Margan y Bo'sn Frisbee hacían su agosto. Cientos de toneladas de restos de acero tenían que ser desechados. Ningún niño habría cogido un martillo contra un reloj con más entusiasmo que estos dos destrozando planchas de acero. Algunos de los restos eran tan grandes que superaban sus fuerzas. Pero nada superaba su ingenio. Red tuvo una idea fantástica. En el foso del ascensor de proa habían aparcado cuatro jeeps. Todos a bordo supusieron que habían sido destruidos junto con todo lo demás que había en la cubierta del hangar, pero Red insistió en investigar. En poco tiempo, un espectáculo extraordinario sorprendió a todos. Cuatro jeeps se apresuraban por la cubierta arrastrando los pesados restos hacia el exterior para arrojarlos por la borda.

Todos los hombres trabajaron durante el largo día en grupos de búsqueda, enterramiento, grupos de desmantelamiento y grupos de aprovisionamiento. Los oficiales de suministros utilizaron a todos los hombres disponibles para achicar agua en los compartimentos, haciendo accesibles otros compartimentos donde se sabía que había comida almacenada. Los ingenieros seguían trabajando sin descanso ni relevo. Nuestra velocidad aumentó de doce a catorce y a quince, hasta que por la noche pudimos hacer dieciséis nudos. Los electricistas reparaban circuitos, improvisaban unidades para las estufas eléctricas quemadas, y establecían comunicaciones internas. Los hombres del radar pudieron incluso instalar un radar portátil. Lo hizo el teniente Marvin Bowman, ayudado por Ed Nycum, técnico de radar de primera clase. ¿Cómo? Sólo los que juegan con estos artilugios pueden saberlo. A eso de las diez de la noche terminamos el trabajo. De nuevo se permitió a los chicos ocupar las habitaciones de los oficiales y dormir. Cuando termina el trabajo del día, es habitual que los oficiales se reúnan en su sala, charlen y tomen café. No teníamos café para tomar, pero unos diez oficiales, secos de sed, se sentaron a charlar. Le susurré unas palabras al Dr. Sherman, que tenía acceso a los suministros médicos. Salió y unos minutos después regresó agitando una botella de litro como si fuera un estandarte o un trofeo. Red Harris, Frisbee y Morgan estaban allí y algunos otros. Lanzaron una ovación ante la inesperada visión: «¡Pasad la botella!» Pero Morgan no la quiso tomar de Frisbee.

—Padre –dijo– tome la botella. Entréguemela personalmente. Quiero poder contar a mis nietos que, a bordo de un barco, donde las normas de la Marina lo prohíben, el Padre me pasó un litro de whisky y me ofreció un trago.

Nunca antes la administración de whisky «solo para usos medicinales» había estado tan justificada como en aquel momento. El licor se consumió rápidamente, y entonces pronuncié un discurso:

—Compañeros, si hubierais sido listos, os habríais dado cuenta de que esto no era más que el cebo. Habéis aceptado el soborno, así que ahora estáis obligados... Bueno, hablando en serio, hay muchos más cuerpos que deben ser enterrados esta noche. Hay una docena cerca de las estufas de la cocina. Los electricistas dicen que las estufas estarán listas por la mañana. Debemos enterrar estos cuerpos y limpiar la cocina antes de que sea seguro preparar comida allí.

Aquel grupo de oficiales, duros, finos, resistentes, dispuestos –lo mejor de la cosecha estadounidense– continuó hasta altas horas de la madrugada en la espantosa tarea de enterrar a los muertos.

El miércoles fue una repetición del martes. El mismo tipo de trabajo, la misma falta de comida, la misma conciencia de que los aviones japoneses estaban a punto de atacar. Pero la tensión era definitivamente mayor debido al efecto acumulativo de la tensión nerviosa. Los ingenieros seguían trabajando sin parar, parcheando y mejorando; los equipos de demolición seguían arrojando escombros. Los equipos de entierro continuaron enterrando a los muertos.

Para forzar el acceso a uno de los compartimentos de la destrozada cubierta de la galería, Bo'sn Frisbee cortó a hachazos una puerta de acero que había quedado atascada por las explosiones. Frisbee tiene esa expresión lacónica que le hace parecer que está mascando tabaco aunque no sea así. Se detuvo un momento en su arduo trabajo. «De acuerdo», dijo, «soy duro y fuerte; puedo hacer un trabajo duro y creo que tengo agallas. Pero hombres como yo no salvaron este barco. El hombre en el puente salvó el barco. Tiene carácter. Es un líder. Me quito el sombrero ante él».

Nunca se ha rendido mejor tributo a un oficial al mando que este homenaje al capitán Gehres por parte de uno de los miembros más impasibles de su tripulación.

En algún momento a media tarde estaba cruzando la cubierta de vuelo con Joe Taylor para reanudar los servicios funerarios que había interrumpido por un recado especial cuando otro avión japonés salió del cielo y nos ametralló. Debí haberme agachado en la cubierta para convertirme en un blanco lo más pequeño posible. No me agaché, pero no por bravuconería o intrepidez. El esfuerzo que supondría tener que volver a ponerme en pie me pareció en aquel momento un mal mayor que el número de balas que pudieran estar salpicando a mi alrededor. Tal vez uno pueda hartarse del peligro. Estaba demasiado cansado para enfadarme y, sin embargo, inconscientemente, me molestaba que un avión enemigo nos ametrallara mientras enterrábamos a los muertos.

Hacia el atardecer de esa tarde se concluyeron los enterramientos. La cubierta del hangar de proa quedó limpia de escombros. Las cámaras de combustión, las salas de máquinas, los talleres mecánicos y los cuadros eléctricos funcionaban casi con normalidad. Se ordenó que todos los tripulantes se reunieran en la cubierta del hangar de proa. Se había publicado una orden del día en el único mimeógrafo que había sobrevivido a la explosión. Se titulaba «Un barco que no quiere hundirse, no puede hundirse». Las órdenes decían:

(1) Debido a los daños sufridos por nuestro sistema de depuración de la gasolina, las normas sobre el consumo de tabaco deben aplicarse estrictamente. Se puede fumar en el castillo de proa durante el día. Se puede fumar en el comedor de proa entre el toque de diana y el de silencio. Los oficiales pueden fumar en la sala de oficiales. *Prohibido arrojar colillas encendidas por la borda.*

(2) Manténganse ocupados haciendo algo todo el tiempo. Si no están asignados a una tarea programada, trabajen de todas formas. Tenemos el mundo en nuestras manos, agárrense fuerte.

(3) No arrojen ningún artículo útil por la borda. Si creen que puede recuperarse, apílenlo ordenadamente en la cubierta del hangar, justo delante del elevador n° 3 en el lado de estribor.

(4) Si alguien conoce el paradero de algún instrumento musical, que se lo comunique al capellán.

(5) Todos los efectos personales, como carteras, relojes, etc., se entregarán en la cabina del Oficial Ejecutivo.

(...)

Firmado

Joe Taylor, Comandante,

Marina de los Estados Unidos, Oficial Ejecutivo

Debajo de las órdenes oficiales había mensajes de felicitación. Del capitán Fitz, del *Santa Fe*, al capitán Gehres, del *Franklin*: «Enhorabuena por el heroico trabajo y la extraordinaria eficacia suya y de sus hombres al poner el barco en marcha y salvarlo. Es un ejemplo que nunca olvidaremos».

Había un mensaje de nuestro almirante, que se había visto obligado a dejarnos para continuar las operaciones contra los japoneses desde otro portaaviones. Decía: «Felicidades. Puede que ahora esté en la puerta de un extraño, pero los reclamo de nuevo con orgullo. Aunque esté maltrecho, sigue siendo mi hijo. Buen trabajo. *Firmado:* DAVISON».

¡Cenamos caliente esa noche! El barco volvía rápidamente a una rutina casi normal. No del todo normal, porque todos los tripulantes necesitaban dormir mucho antes de volver a ser ellos mismos. Y no del todo rutinaria, porque todos los tripulantes se dieron cuenta de que cada uno era destinatario de los mensajes de felicitación; todos los tripulantes eran cada vez más conscientes de un orgullo especial por el extraordinario logro. Con sus acciones habían creado un nuevo lema del barco: «Un barco que no quiere hundirse, no puede hundirse».

IX. REGRESO A LOS ESTADOS UNIDOS

Navegando alegremente a 21 nudos, como un barco que trabajaba arduamente, llegamos a Pearl Harbor el 3 de abril, exactamente un mes después de que partiéramos para el combate. Pearl Harbor es la gran base naval del Pacífico. Sufrió su propio bautismo de guerra, como todos recordarán.

Desde aquel primer día de Pearl Harbor, muchos buques de guerra lisiados habían llegado cojeando a su puerto. La familiaridad, aunque no engendra desprecio, definitivamente engendra insensibilidad. Un naufragio flotante que sería noticia en los Estados Unidos bien podría ser rutina en Pearl. Pero de alguna manera, el *Franklin* era diferente.

Los despachos que había recibido el Comandante de las Fuerzas Aéreas Navales en el Pacífico (Com Air Pac) tenían a todos en Pearl Harbor esperando, preguntándose y observando la llegada del *Franklin*. Luego, navegó a través del estrecho canal, pasando por el edificio de la Administración. Hizo el gran giro y se acercó al muelle, a punto de atracar por el costado de babor.

Cuando un barco entra ceremoniosamente en puerto, toda la tripulación se despliega en «formación para entrar en puerto». En un portaaviones, los oficiales y los hombres permanecen firmes en la cubierta de vuelo. La habitual dotación de tres mil hombres en posición de firmes en la cubierta de vuelo impresiona a la mayoría de los testigos en tierra. Pero el *Franklin* no tenía tres mil hombres, y apenas tenía cubierta de vuelo. Reunidos en la sección de proa, en la única parte del barco que no estaba completamente destrozada, estaban cuatrocientos hombres (el resto del Club de los 706 estaba de servicio en las estaciones de ingeniería y amarre). En la primera fila del costado de babor, frente al muelle, estaba la banda de «Saxy» Dowell: dos trompetas, un acordeón, dos ocarinas, una bomba de aire, un caldero gigante y dos calderos más pequeños.

Un coro *a capella* de *waves*[11] especialmente organizado en tierra comenzó a cantar mientras el *Franklin* se acercaba al muelle. Cantaron la canción tradicional de bienvenida, «¡Aloha!». Voces claras y femeninas resonaban alto y melodiosas; el *Franklin* se deslizaba más cerca, las chicas miraban, dudaron y titubearon. La canción de bienvenida se desvaneció. Pero «Saxy» percibió su vergüenza. Tenía que cubrir su parón. Su fantástica banda estalló en una canción que fue captada de inmediato por la tripulación.

Ni la más joven y sentimental de las *waves* tenía de qué avergonzarse. Los ojos de ese viejo lobo de mar, el vicealmirante George Murray, estaban empañados de lágrimas.

---

[11] Women Accepted for Volunteer Emergency Service. Era la denominación para la reserva naval femenina.

Los únicos presentes que no estaban llorando eran los niños en la cubierta de vuelo del *Franklin*. Cantaban con entusiasmo: «Oh, el Viejo Big Ben, ya no es lo que era, ya no es lo que era, no es lo que era hace solo unos días. Bombas en la cubierta del hangar. ¡Boom, Boom![12]».

Se lanzaron las amarras. Estábamos atracados en Pearl. Esta era la base en la que había estado destinado hasta hacía un mes (corto o largo). La semana antes de partir para embarcar en el *Franklin*, le había enviado una carta a mi hermana Alice en Filipinas. Es una sensación extraña escribir a alguien que puede haber muerto hace tiempo; pero con la posibilidad de que estuviera viva, le había escrito a través de las unidades de la Cruz Roja con el Sexto Ejército, que acababa de desembarcar en Luzón. Los prisioneros de Santo Tomás habían sido liberados, pero La no estaba allí.

Entonces comenzó la devastación japonesa de la antigua ciudad amurallada de Manila. A medida que los diarios se hacían eco de las atrocidades, la esperanza de la seguridad de La se desvanecía. El 3 de marzo embarqué en el *Franklin*, resignado al hecho de que ella estaría muerta. Ahora, el 3 de abril, el *Franklin*, herido pero invicto, estaba de regreso en Pearl Harbor. En medio del bullicio de actividades que acompaña el atraque de un barco grande, escuché una voz desde el muelle llamando:

---

[12] Parece que esos chicos adaptaban la letra de la canción *The Old Grey Mare*.

[The old gray mare, she ain't what she used to be, | Ain't what she used to be, ain't what she used to be, | The old gray mare, she ain't what she used to be, | Many long years ago].

«¡Padre O'Callahan!»' Era el Padre Sheehy, capellán del distrito en Pearl Harbor.

Él no sabía si yo aún seguía con vida, pero tenía la esperanza. Pronto comencé a saludarle a gritos. Su saludo para mí fue el clímax de un drama:

—¡Hola, Joe! No puedo esperar a que coloquen la pasarela, tengo una cita importante. Nos veremos después. Vine a decirte que ayer recibimos noticias definitivas de que tu hermana está viva en Manila.

El viaje desde Pearl Harbor a Nueva York, pasando por el Canal de Panamá, fue rutinario, pero no descansado. Los días estaban llenos de trabajo, el mismo trabajo arduo y laborioso para retirar los escombros del barco y la psicosis de la mente. Las horas de la tarde se pasaban en conversaciones agradables. Los días transcurrían entre trabajo y charlas. Por supuesto, comíamos un poco de vez en cuando y, de paso, las comidas eran lo que los civiles soñaban, pero ya no veían. El barco había sido abastecido para proveer a 3.400 hombres durante cuatro meses, y el *Club de los 706* comía bien. Y siempre nos estábamos acercando más a Nueva York. La expectación aumentaba a medida que disminuía la distancia. Finalmente, llegó el tan esperado día.

Mientras navegábamos hacia el puerto de Nueva York, con toda la tripulación en orden, vestidos con monos limpios y nuevamente reunidos en la cubierta de vuelo en «formación para entrar en puerto», los fotógrafos capturaron una imagen profundamente simbólica. Representaba el espíritu de los hombres del *Franklin* —el espíritu de los hombres de América—. Enmarcada por una enorme viga en T, que había sido doblada por las explosiones en forma de V invertida, tomaron una foto de la Estatua de la Libertad. Esa fue una bienvenida muy bien venida a Nueva York. Pero no hubo fanfarria; debido a que la seguridad en tiempos de guerra prohibía la publicidad, el *Franklin* ascendió por el East River casi sin ser notado.

Poco después de nuestra llegada sin anuncio al astillero naval de Brooklyn, se celebró una ceremonia histórica en la cubierta de vuelo delantera. Washington había revisado los registros del personal del *Franklin* y había asignado a sus expertos en matices y paráfrasis para redactar las menciones honoríficas. Una brillante mañana de primavera, estábamos «firmes» y luego «en descanso» en la cubierta de vuelo delantera. Muchos invitados distinguidos estaban presentes; pero los más distinguidos eran los familiares cercanos de la tripulación. Una ceremonia histórica para un barco histórico: un «barco que no moriría» presenció la entrega del mayor número de condecoraciones jamás otorgadas a un solo buque en la historia de la Marina.

La Cruz de la Marina al capitán Gehres y al comandante Taylor. Para Les, la mención honorífica leía así:

> Por distinguirse con extraordinario heroísmo en operaciones contra el enemigo mientras servía como Oficial al Mando de un portaaviones el 19 de marzo de 1945, cuando su barco fue impactado por bombas enemigas que causaron enormes incendios y explosiones entre un gran número de aviones completamente armados y cargados de combustible, tanto en la cubierta de vuelo

como en el hangar. Aunque se vio limitado por daños severos en el equipo de lucha contra incendios y el sistema de comunicaciones de su barco, mostró una notable capacidad de improvisación al dirigir las medidas que eventualmente lograron controlar los incendios, restaurar la energía a su barco y permitir su retirada de una posición cercana a la costa enemiga. Su habilidad y valentía estuvieron en todo momento en consonancia con las más altas tradiciones del Servicio Naval de los Estados Unidos.

Mientras escuchaba la mención honorífica para Joe Taylor, mi memoria revivió la escena en la proa:

Estrella de Oro en lugar de la tercera Cruz de la Marina:
Por distinguirse con extraordinario heroísmo en operaciones contra el enemigo mientras servía como Oficial Ejecutivo de un portaaviones que estaba atacando las islas japonesas en las proximidades de Kobe, Japón, el 19 de marzo de 1945. Cuando su barco fue impactado y severamente dañado por ataques aéreos enemigos y sacudido por violentas explosiones de su propia munición, supervisó y dirigió los esfuerzos para salvar el barco, luchando contra incendios descontrolados, inundando los depósitos de municiones y liderando y participando personalmente en el desecho de municiones en vivo y bombas que estaban sobrecalentadas. Con el mayor desprecio por su seguridad personal, visitó todas las secciones del barco gravemente dañado, liderando e inspirando a la tripulación en el valiente y

exitoso esfuerzo por rescatar el portaaviones a la deriva y en llamas. Ante nuevos ataques enemigos y explosiones de las propias armas del portaaviones, asumió el mando de las operaciones de remolque, con que consiguió poner su barco en marcha. Su fría y calmada determinación y su destacado liderazgo fueron una inspiración para todos los oficiales y hombres, y contribuyeron en gran medida a la eventual salvación del barco. Su conducta durante todo el tiempo estuvo en consonancia con las más altas tradiciones del Servicio Naval de los Estados Unidos.

Dos condecoraciones no se entregaron en el *Franklin* ese día. Un poco más tarde, el presidente Truman confirió la Medalla de Honor del Congreso al teniente Gary y al Padre O'Callahan, S.J. La mención honorífica de la Medalla de Honor del Congreso fue conferida al teniente Donald A. Gary, U.S.N.:

Por su destacada valentía e intrepidez en riesgo de su vida, más allá del deber, como Oficial de Ingeniería adjunto al *USS Franklin* cuando esa embarcación fue ferozmente atacada por aviones enemigos durante operaciones contra las Islas Japonesas cerca de Kobe, Japón, el 19 de marzo de 1945. Estacionado en la tercera cubierta cuando el barco fue sacudido por una serie de explosiones violentas, el teniente Gary no dudó en arriesgar su vida para ayudar a varios cientos de hombres atrapados en un compartimento de comedor lleno de humo y sin una salida aparente. A medida que los hombres en peligro bajo cubierta se volvían cada vez más aterrados por la furia incesante de las explosiones, él les aseguró con confianza que encontraría un medio para liberarlos y, a tientas a través de oscuros pasillos llenos de escombros, finalmente descubrió una vía de escape. Con firme determinación, regresó al compartimento de comedor tres veces a pesar de las amenazantes llamas, el agua inundando y la ominosa amenaza de nuevas explosiones repentinas, en cada ocasión guiando con calma a sus hombres a través del denso manto de humo hasta que el último fue salvado. Desinteresado de sí mismo en su preocupación por su barco y sus compañeros, constantemente reunió a otros a su alrededor, organizando y liderando repetidamente equipos de lucha contra incendios en el inferno llameante de la cubierta de vuelo y, cuando se encontró que las calderas 1 y 2 estaban inoperativas, entró en la caldera número 3 y dirigió la generación de vapor en una caldera a pesar de las extremas dificultades y peligros. Un líder inspirador y valiente, el teniente Gary prestó un servicio de autosacrificio en las condiciones más peligrosas y, gracias a su heroica iniciativa, fortaleza y valor, fue responsable de la salvación de varios cientos de vidas. Su conducta en todo momento refleja el más alto crédito para sí mismo y para el Servicio Naval de los Estados Unidos.

La mención para el Padre Joseph T. O'Callahan, S.J.:

Por su valentía destacada e intrepidez en riesgo de su vida, más allá del deber, mientras servía como capellán a bordo del *USS Franklin* cuando esa embarcación fue ferozmente atacada por aviones japoneses enemigos durante operaciones ofensivas cerca de Kobe, Japón, el 19 de marzo de 1945. Un líder valiente y decidido, desafiando con calma las peligrosas barreras de llamas y metal retorcido para ayudar a sus hombres y a su barco, el teniente comandante O'Callahan se abrió camino a tientas a través de los pasillos llenos de humo hasta la cubierta de vuelo y al centro de bombas, proyectiles, cohetes y otros armamentos que explotaban violentamente. Con el barco sacudido por explosiones incesantes, con escombros y fragmentos cayendo y fuegos ardiendo con una furia cada vez mayor, ministró a los heridos y moribundos, consolando y alentando a hombres de todas las creencias; organizó y lideró equipos de lucha contra incendios en el ardiente infierno de la cubierta de vuelo; dirigió el desecho de municiones en vivo y la inundación del depósito de municiones; manejó una manguera para enfriar bombas calientes y armadas que rodaban peligrosamente sobre la cubierta inclinada, continuando sus esfuerzos a pesar del humo abrasador y sofocante que forzaba a los hombres a retroceder jadeando y ponía en peligro a otros que los reemplazaban. Sirviendo con valor, fortaleza y profunda fuerza espiritual, el teniente comandante O'Callahan inspiró a los valientes oficiales y hombres del *Franklin* a luchar heroicamente y con profunda fe frente a una muerte casi segura y a devolver su barco herido al puerto.

Pero estábamos hablando de una ceremonia histórica a bordo de un barco histórico. En este día en el astillero naval de Brooklyn, se entregaron muchas más cruces de la Marina, y con cada entrega, una mención honorífica de valentía única y especial. Cruces de la Marina a los comandantes Hale, Smith, Jurika. (En Hawai, Steve había escuchado que su madre, en Filipinas, había sido asesinada por los japoneses, aproximadamente en la misma época en que yo había escuchado que mi hermana había sido salvada). Una Cruz de la Marina para el Dr. Fox, mi monaguillo en «la última misa,» fue otorgada póstumamente.

Otras cruces de la Marina fueron otorgadas a Greene, McKinney, Kreamer, Downes, Stone, y a Mac Kilpatrick, cuyo valor llegué a apreciar en el momento de la transferencia de los heridos en camilla al *Santa Fe*. A Sam Sherman, Jim Fuelling y Bill Ellis se les otorgaron también cruces de la Marina por heroísmo más allá del deber.

Fred (Red) Harris recibió una Cruz de la Marina. Vi cómo sus labios temblaban y sus ojos trataban de contener las lágrimas al escuchar la mención honorífica. También se otorgaron cruces de la Marina a Morgan, «Slim» Hall y al artillero Stoops. El capellán Grimes W. Gatlin recibió la Estrella de Plata. Sé que la merecía y merecía también mayores honores. Los muchachos a quienes cuidó saben que la merecía. Hasta ahora no había dicho que Gats, al igual que Red Harris, es de Texas, un estado lo suficientemente grande como para albergar su grandeza. Espero también que su iglesia reconozca el hombre que es. Aún quedaban 22 menciones honoríficas para la Estrella de Plata, 114 menciones para la Estrella de Bronce y 234 cartas especiales de encomio. El total de condecoraciones fue de 393, para un solo barco, en un solo día de combate.

La ceremonia de condecoraciones en el *Franklin* fue tan impresionante que me sentí algo entristecido, no por mí mismo, sino por mi madre. Sabía cómo se sentía. Por muy honrado que su hijo pudiera ser en una fecha posterior en la Casa Blanca, el hecho cierto era que cuando todo el barco fue homenajeado, el nombre de su hijo no fue mencionado.

Aquí el capitán Les Gehres mostró lo mejor de sí mismo. Sin que yo lo supiera, habló mucho tiempo con mi madre. Le contó su versión de lo que había hecho por los hombres del *Franklin* y por el *Franklin*. El capitán Gehres no es un hombre sentimental; eso lo apruebo. Tampoco es un hombre religioso; y eso lo desapruebo. Pero el Capitán Gehres hizo muy feliz a mi madre cuando, tras relatar mis hazañas, concluyó:

—No soy un hombre religioso, pero durante lo más duro del combate, mientras observaba a su hijo, dije en voz alta entonces, y se lo digo a usted ahora: «Si la fe puede hacer eso por un hombre, debe haber algo en ella».

Menciono este tributo personal de mi capitán, no por su valor como homenaje, aunque admito que me siento orgulloso de ello, sino por su precisión como descripción de lo que sentí aquella mañana de desastre. Dios sabe que, como hombre, no soy más valiente que otros, ni realicé más actos de valentía que muchos otros. De todos modos, no hay una vara para medir el heroísmo. Pero lo que hice fue por la fe. Fui consciente de mi función como sacerdote y consciente de las tremendas gracias que continuamente me sustentaban para cumplir con ese deber. Lo que hice me fue dado para hacer. Se hizo por la fe, que es un don.

Es algo notable que Les Gehres reconociera eso; y tal vez para él también fue un inicio de fe. Eso espero.

Me mantuve en posición de firmes en el *Franklin* y escuché cómo se relataba la extraordinaria valentía de mis compañeros de barco en las condecoraciones, y en mi mente capté el espíritu de su heroísmo mientras mi memoria revivía sus hazañas.

Jim Adam, de guardia en una de las calderas del barco, y cuando esa estación se volvió insostenible, subió a la cubierta de vuelo para ayudarnos a controlar fuegos de una naturaleza algo diferente.

Jerry Smith. Había empezado a darle una charla sobre ética en medio del combate, criticando los métodos tontos de suicidio. Y él salvó una manguera valiosísima para el barco.

Ahora conocía la historia de Ed Mesial. Me había preguntado qué le había pasado: «Logré arrastrarme sobre mi estómago hasta la pasarela. Me quedé allí esperando a que volviera mi fuerza; nuestro barco se inclinaba fuertemente hacia estribor y caí directamente sobre el *Santa Fe*».

El toque tragicómico fue improvisar boyas con bolsas de correo. Eran necesarias para sacar a los almirantes y a su personal del barco para continuar la ofensiva desde otras naves. Vi cómo el cabello rojo de Gerry Bogan se erizaba ante la aparente ignominia de abandonar un barco en peligro.

Bolsas de correo para los almirantes y colchones para los marines. Chamstrom mostró a veinte compañeros cómo atravesar las llamas, protegidos solo por colchones.

Y luego estaba Wally Klimkiewicz, el asistente del capitán: «Con el debido respeto, señor, un marine puede hacer cualquier cosa. Solicito permiso para unirme a la tripulación del cañón...» «Con el debido respeto, señor... No se permite fumar en la cubierta exterior». «Es correcto, Padre; ¡no tomemos riesgos innecesarios!»

El sol brillaba de lleno en mi cara, y se me hacía largo el tiempo en firmes. Estaban leyendo las menciones para Chase, Brown, Chamstrom, Allen... Cartas especiales para Lake..., Buja..., Poff...

El sol debía estar pegándome fuerte en los ojos. Y eso me hacía parpadear a menudo.

APÉNDICE I

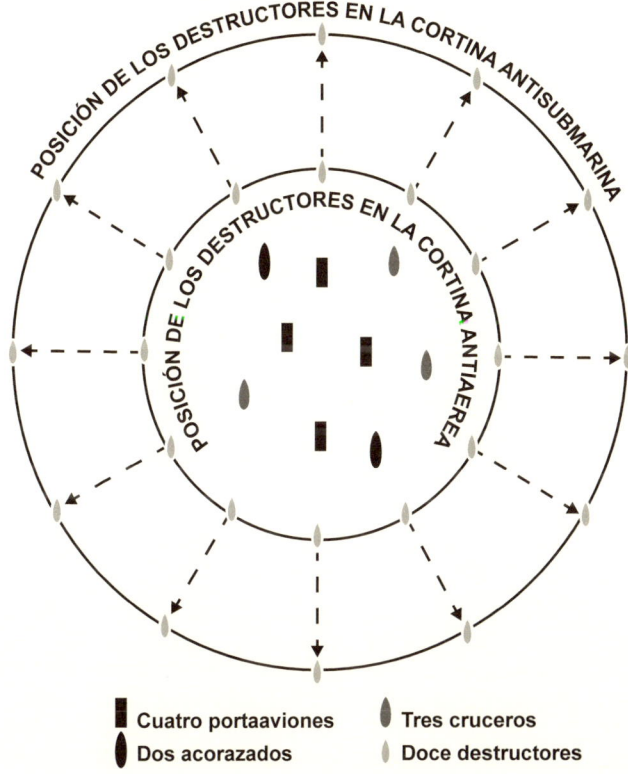

Fuente: Andrés Gutiérrez Fernández: *El portaaviones, buque principal: Su evolución técnica e histórica*. Madrid, Editora Naval, 1964.

APÉNDICE II

Durante el período del 14 al 22 de marzo de 1945, la composición de la Fuerza Operativa 58 fue la siguiente:

Vicealmirante Mitscher

58.1, (Grupo Operativo de Portaaviones Uno), COM-CARIDIV 5, Contralmirante Clark (58.1.1)

- USS Hornet (CV 12) - CVG 17
- USS Wasp (CV 18) - CVG 86
- USS Bennington (CV 20) - CVG 82
- USS Belleau Wood (CVL 24) - CVLG 30

[El primer identificador, CV corresponde con la numeración oficial del buque y el segundo identificador, CVG, corresponde con la de la unidad aérea embarcada]

58.1.2, Unidad de Apoyo, COMBATDIV 8,
    Contralmirante Shafroth
USS Indiana (BB 58)
USS Massachusetts (BB 59)

58.1.22, COMCRIDIV 14, Contralmirante Whiting
USS Vincennes (CL 64)
USS Vicksburg (CL 86)
USS Miami (CL 89)

58.1.3, Pantalla, COMDESRON 61, Capitán Carter
DESDIVS 61, 121, 122, 25 & 49

[Pantalla alude a la función defensiva y protectora de los destructores. Ver apéndice I]

USS *Shroeder* (DD 501)
USS *Sigspee* (DD 502)
USS *Harrison* (DD 573)
USS J. *Rodgers* (DD 574)
USS *McKee* (DD 575)
USS *Murray* (DD 576)
USS *Dashiell* (DD 659)
USS *DeHaven* (DD 727)
USS *Mansfield* (DD 728)
USS *L. K. Swenson* (DD 729)
USS *Collett* (DD 730)
USS *Maddox* (DD 731)
USS *Blue* (DD 744)
USS *Brush* (DD 745)
USS *Taussig* (DD 746)
USS S. *N. Moore* (DD 747)

58.2 Grupo de Portaaviones Dos, COMCARDIV 2, Contralmirante Davison (58.2.1)

USS Franklin (CV 13) - CVG 5
USS Hancock (CV 19) - CVG 19
USS Bataan (CVL 29) - CVLG 47
USS San Jacinto (CVL 30) - CVLG 45

58.2.2 Unidad de Apoyo, COMCRUDIV 10,
Contralmirante Wiltse
COMBATDIV 6, Contralmirante Cooley

58.2.21 Acorazados
USS North Carolina (BB 55)
USS Washington (BB 56)

58.2.22 Cruceros
USS Baltimore (CA 68)
USS Pittsburgh (CA 72)
USS Santa Fe (CLAA 60)

58.2.3 Pantalla, COMDESRON 52, Capitán Womble,
DESDIVS 103, 104, 53, 105, 106

USS Miller (DD 535)
USS Owen (DD 536)
USS The Sullivans (DD 537)
USS S. Potter (DD 538)
USS Tingey (DD 539)
USS Weining (DD 540)
USS Colahan (DD 658)
USS Hickox (DD 673)
USS Hunt (DD 674)

USS Hancock (DD 675)

USS Marshall (DD 676)

USS Stockham (DD 683)

USS Wedderburn (DD 684)

USS Hal-Yey Powell (DD 686)

USS Uhlmann (DD 687)

USS Benham (DD 796)

USS Cushing (DD 979)

58.3 Grupo Operativo de Portaaviones Tres,
    COMCARDIV 1, Contralmirante Sherman
    (58.3.1)

USS Essex (CV 9) - CVG 83

USS Bunker Hill - CVG 84

USS Cabot (CVL 28) - CVLG 29

58.3.2 Apoyo Pesado, COMBATRON 2,
    Vicealmirante Lee

USS South Dakota (BB 57)

USS New Jersey (BB 62)

58.3.3 Apoyo Ligero, COMCRUDIV 17,
    Contralmirante Jones

USS Pasadena (CL 65)

USS Springfield (CL 66)

USS Astoria (CL 90) enviado el 19 de marzo a 58.2

USS Indianapolis (CA 35)

USS Wilkes-Barre (CL 103)

58.3.4 Pantalla, COMDESRON 62, Capitán Higgins,
COMDESDIVS 123, 124, 48, 95, 96
USS Walker (DD 517)
USS Sperry (DD 697)
USS Erben (DD 631)
USS Ault (DD 698)
USS Hale (DD 642)
USS Waldron (DD 699)
USS Stembel (DD 644)
USS Haynsworth (DD 700)
USS Bullard (DD 660)
USS Weeks (DD 701)
USS Kidd (DD 661)
USS Hank (DD 702)
USS Black (DD 666)
USS Lind (DD 703)
USS Chauncey (DD 667)
USS Borie (DD 704)
USS English (DD 696)

58.4 Grupo Operativo de Portaaviones Cuatro,
    COMCARDIV 6, Contralmirante Radford (58.4.1)
USS Enterprise (CV 6) - CV(N)G 90
USS Yorktown (CV 10) - CVG 9
USS Intrepid (CV 11) - CVG 10
USS Independence - CVLG 46
USS Langley (CVL 27) - CVLG 23

58.4.2 Unidad de Apoyo, COMCRUDIV 16,
    Contralmirante Low

58.4.21 COMBATDIV 9, Contralmirante Hanson,
 Apoyo de Acorazados
USS Missouri (BB 63)
USS Wisconsin (BB 64)

58.4.22 Apoyo de Cruceros
USS Alaska (CB 1) se unió a 58.2 el 19 de marzo
USS Guam (CB 2) se unió a 58.2 el 19 de marzo
USS Saint Louis (CL 49)
USS San Diego (CLAA 53)
USS Flint (CLAA 97) se unió a 58.2 el 19 de marzo

58.4.3 Pantalla, COMDESRON 47, Capitán Nunn,
 COMDESDIVS 93, 94, 54, 107, 108

USS Trathen (DD 530)
USS Hazelwood (DD 531)
USS Heerman (DD 532)
USS McCord (DD 534)
USS Franks (DD 554)
USS Haggard (DD 555)
USS Hailey (DD 556)
USS McGowan (DD 678)
USS McNair (DD 679)
USS Melvin (DD 680)
USS Remey (DD 688) se unió a 58.2 el 19 de marzo
USS N. Scott (DD 690) se unió a 58.2 el 19 de marzo
USS Mertz (DD 691) se unió a 58.2 el 19 de marzo
USS Monssen (DD 798) se unió a 58.2 el 19 de marzo

DEPARTAMENTO DE LA MARINA

OFICINA DE PERSONAL NAVAL
WASHINGTON 25, D.C.

Memorando
Asunto: Condecoraciones otorgadas al personal a bordo del U.S.S. Franklin por acción el 19 de marzo de 1945.

1. Los registros de la Oficina indican que los hombres enumerados a continuación han sido galardonados condecorados por su acción el 19 de marzo de 1945 mientras estaban adjuntos al U.S.S. Franklin.

Medalla de Honor

> LCDR. Joseph Timothy O'CALLAHAN
> Lt. (jg) Donald A. GARY

Cruz de la Armada

> Capt. Leslie E. GEHRES
> CDR. Henry H. HALE
> CDR. Joseph TAYLOR
> CDR. Stephen JURIKA
> CDR. Francis K. SMITH
> LCDR. George William Fox (MC)(Post)
> LCDR. Thomas J. GREENE
> LCDR. William R. McKINNEY
> LCDR. Walter H. KREAMER

LCDR. Robert B. DOWNES
LCDR. George STONE
LCDR. Mac G. KILPATRICK
LCDR. Sam SHERMAN (MC)
LCDR. James J. FUELLING
Lt. William S. ELLIS
Lt. Fred HARRIS
Lt. (jg) Lindsey MORGAN
Ensign Fred M. HALL
Gunner Thomas M. STOOPS

Medalla de la Estrella de Plata

LCDR. David BERGEN
Lt. Grimes W. GATLIN
Lt. Ernest B. RODGERS
Lt. (jg) Joseph B. TIARA
Lt. (jg) Bill J. WHITE
Lt. (jg) Stanley S. GRAHAM
Lt. (jg) Edward H. R. WASSMAN
1st Lt. Walter M. NEWLAND
Ens. Robert D. McCRARY
Ch. Mach. Clarence B. REM
Mach. Walter E. MACOMBER
Boatswain Marion FRUSBEE
Mach. William E. GREEN
Air. Tech. Donald H. RUSSELL
HAMEL, William H., EM3
MILLER, Charles E., SF1
STONE, Harold S., RT1

GUDBRANDSEN, James H., MMI
ABBOTT, Gilbert P., QM3
DAVIS, Holbrook R., QM3
COSTA, Laurentino «E.», MM3
MAYER, Norman C., S1

Estrella de Oro en lugar de la Segunda Medalla de Estrella de Bronce

Lt. Melvin M. TAPPEN
Lt. (jg) Gordon L. HASSM
Lt. (jg) Robert M. THAYER
Ch. Electrician Elmer C. PHILLIPS
Ch. Carpenter Lewis R. ENDINS

Medalla de Estrella de Bronce

LCDR. John D. WHITAKER
LCDR. Lewis F. DAVIS
LCDR. DeVon M. HZER
LCDR. James W. WEST, Jr.
LCDR. Herbert A. MAGNUSON
Major John STACK
Major Herbert T. ELLIOT, Jr.
Lt. Bart SLATTERY
Lt. Charles G. DURB
Lt. Clyde H. FELLOWS, Jr.
Lt. Elmer L. Fox
Lt. James A. VAUGHN, Jr.
Lt. Frank C. CHENEY

Lt. Charles CARR

Lt. George W. CHENEY, Jr.

Lt. Philip O. GEIR, Jr.

Lt. John B. BARR

Lt. Edward MONSOUR

Lt. Charles B. TUREK

Lt. Robert H. FRANK

Lt. Jesse M. ALBRITTON, Jr.

Lt. Theodore T. HUNTINGTON

Lt. Frederick S. ROBERTSON, Jr.

Lt. George R. WATKINS

Lt. (jg) John P. RYDER

Lt. (jg) Robert J. WINEMAN

Lt. (jg) Joe AIZPURU

Lt. (jg) Everett J. TAYLOR

Lt. (jg) Maurice M. BRUNDIGE

Lt. (jg) William K. HELZEL

Lt. (jg) George B. RITZ

Lt. (jg) John B. O'DONNELL

Lt. (jg) Marvin LEFF

Lt. (jg) Hugh W. CLOSE, Jr.

Lt. (jg) Marvin K. BOWMAN

Lt. (jg) Donald R. E. BARNABY

Lt. (jg) Walter NARDELLI

1st Lt. John SKORICH

Ens. Cuy S. MARSHALL

Ens. William A. McCLELLAN

Ens. Frederick S. LIGHTFOOT

Ens. Richard E. JORTBERG

Ens. C. PROBST

Ens. George A. HAMILTON
Ch. Gunner Walter S. HATCHER
Ch. Torpedoman John M. KALVIN
Ch. Pay Clerk Alvin L. FOWLER
Ch. Pay Clerk John W. SHEPARD, Jr.
Gunner Roy G. HALE
Acting Pay Clerk Harold LEBLANC
BROWN, John Franklin, Y2 (T) (Post)
DURRANCE, Benjamin Myron, CSF
VALLONI, Thomas J., CEM
ORENDORFF, Carl S., ACOM
MAcALLISTER, William H., EM1
McCAFFREY, John W., WT1
BRUMFIELD, James I., WT1
TURNER, James W., WT1
BARRY, Ralph (n), WT1
ABELLON, Placito, CCK
ODOM, James P., MMI
LOCKE, Robert (n), Jr., SF1
MONKUS, Frank (n), SF1
NOBLE, Charles M., BM1
FOWLER, William J., Jr., AOM1
NYCUM, Edward C., RT1
KIDWELL, Irving L., Y2
HOLSTROM, Edward (n), MM2
NOTT, William J., MM2
WELLMAN, Frederick E., MM2
FRIEDMAN, Herman S., SF2
TAMMEAID, Niloai, BM2
RYAN, Virgil R., QM2

GOWEN, Michael (n), GM2
DICKSON, Robert C., S/Sgt.
WILLIAMS, Wilfred «J.», Y3
STREICH, Hans A., WT3
CHAMBERS, Patrick A., WT3
LINDBERG, John H., EM2
FINKENSTEDT, Charles L., SSML3
BOWMAN, Alex E., Y3
BROWNING, William L., SM3
HART, Stephen C., SM3
OXLEY, Robert W., GM3
CARTWRIGHT, John E., GM3
REYNOLDS, William W., AerM3
ALEMIDA, Arthur S., AOM3
KISSELL, Lynn M., AOM2
ASTORIAN, Gerald E., S1
JACOBS, Charles W., S1
BOYD, Robert L., S1
GUGLIELMO, William (n), S1
WILSON, Dorris W., S1
OLIVER, Audrey L., S1
ALBRECHT, William R., S2
MOZDIAK, Henry J., S2
RICKS, Benjamín M., S1
TUCKER, Charles V., S1
HOTTINGER, Eugene J., S1
HOPKINS, Joseph P., S1
KLEIBER, Bernard (n), WT2
COLLINs, Arthur L., Fl
HOGGE, Wilton G., Fl (WT)

SMITH, John F., Fl

LA BLANCO, Joseph (n), S2

KLIMKIEWICZ, Wallace L., Pvt.

CHASE, Frank T., Jt., S2

BROWN, Paul W., S2

CHARNSTROM, Lloyd E., Pfc.

ALLEN, Edward T., Pfc.

Cartas de encomio con distintivo

LAKE, James (n), GM3

DUDIAK, Peter Paul, S1

CROWTHER, Thomas Dwight, GM2

FULLER, Billie (n), BM1

BUJA, John Michael, GM3

CESAR, John Norman, GM3

DE ROCHE, Edward Thomas, GMS

POFF, Calvin Robert, S2

WISE, Charles Paul, S2

BRUNN, Wilby Francis, S2

STEINBRON, Harold Ray, FCOS

CHRISTMAN, Frederick William, S2 (GM)

DARRINGTON, Keith Olsen, S1

BURKE, Russell Emmett, S1

SWANN, Bert (n), BM2

JACKSON, Dan (n), CK1

BROWN, Charles (n), CK1

SHAW, Dudley Emanuel, StM2

BAKER, William Latta, CMM

LECUS, Edward (n), MM1

BERESKA, Paul (n), MM1
MEGGINS, Charles Curtis, MM1
SLIFIES, Robert Ulysses, MM2
LEPORE, Frank Peter, MMS
GOBRIGALL, Calvin Frank, MMS
RAY, Gerald Abniwake, F2
BOLOPUE, Herman Carl, F1
SOLTVEDT, John Phillip, MM1
STITES, John Talbert, GMM
SKEAN, William (n), MM2
RAMEY, Glenn Thomas, MMR2
O'NEILL, Ernest Frank, Fl
CHASSE, Richard Damasse, Fl
LONG, Henry Arthur, MM3
DEFILLIPO, Michael Vincent, MoMM3
CURTIS, Thomas Franklin, MMS2
GASSMAN, Robert Francis, F1
KIELISZA, Raymond John, F1
LAZERSKI, Richard Joseph, S1
PETERMAN, John Allen, FC2
CUSICK, James J.
O'CONNELL, Richard Daniel, S1
MANTONE, Antonio, S1
OXLEY, Robert William, GM3
CALDWELL, Charles Guy, BM1
DOWELL, Horace Kirby, Mus1
KINCAIDE, Robert Doane, Mus2
WATSON, James Kenneth, Mus2
BERGMAN, Earl Allen, Mus2
O'DONOVAN, John Richard, QM2

TARR, Bernard (n), Jr., S2
VARILEN, William (n), QM1
WALSH, Eugene Thomas, QM3
RUSSELL, Allen Clarence, S1
DAY, Robert Wayne, S2
ANDERSON, Willie «B,» StM2
BROOKs, Floyd (n), StM2
LITTLE, Major (n), StM1
MATTHEWS, William R., StM2c
GLOSSOM, Sylvester (n), StM1
BARTLEY, Albert (n), StM2
DICKERSON, Leslie J., StM1
PEARSON, Ernest (n), StM2
COBB, James (n), StM2
GRIER, Edward A., StM2
GIBSON, Howard (n), StM2
GORDON, Arnold E., Ck2
RHODES, Robert Tiennie, StM2
WILLIAMS, Mack Henry, StM1
ABAGON, Angel (n), CST(AA)
GREGORY, William Tency, StM1
BROWN, Don Graviel, StM2
CULBERSON, Leonz (n), StM2
DENNIS, Jeff (n), StM2
COFFIE, Thomas (n), StM2
FRANCIS, Edward (n), StM2
GRANT, Eugene Newton, StM2
MARKS, Leon (n), StM2
BOULTON, Ulysses (n), StM2
BASHAM, John Russell, RM3

KUSY, John Michael, Prtr3
LAWSON, David Vernon, S1
BOYCE, Joseph Walton, S1
RAUSCH, Harold Edwin, S2
McGOUGH, William Joseph, Y3
COX, John James, RM3
MILLER, George Edward, S1
PETRILL, Frank Gilbert, S2
ANTALL, Richard Charles, S1
Ens. Norman Arthur EICHNER
MIHAL, Victor Michael, RM3
RITCHIE, Edward Augusta, S1
KASSOVER, Martin Lewis, SM3
PRATHER, Donald Eugene, AMM1
JONES, James Leonard, EM3
CALDWELL, William Bowles, EM3
STORK, Glenn Dean, Fl
ZELLER, Heinz (n), S2
SPRIGGS, Robert Lee, EM2
RICHARDSON, Haron James, CEM
DYER, Joseph Arthur, Fl
ELSEY, Gordon John, EM1
FREGGENS, Robert Alfred, Fl
DUNN, Charles Rex, EM2
SUTHERLAND, Hiram Daniel, EM3
CLINGERMAN, Kermit Gene, S1
HOPKINS, Leo Francis, RM3
PRIVETT, William Allen, MM1
MATSON, Ernest (n), SM2
MUNZING, Harry Ernest, S1

ROBINSON, John Wallace, S2
DODARO, Louis (n), RM3
DROLSOM, James Hilo, S1
COOK, Ralph Marcello, ART1
WOOK, Chester Roy, S1
BURTON, Edward Arthur, S2
BURTON, Vernon Luke, RM2
GRESHKO, Stephen (n), S1
MARTIN, Voley Arval, S2
ELLIS, Thomas Ollie, S2
PEDERSON, Harry LeRoy, S1
BLANCO, John Eliss, Jr., BM2
RAFUSE, John Oscar, GM3
GEHELNIK, Dave George, S2
LANGLEY, John Steward, S2
CATI, Harold Raymond, S2
COLE, Russell Edgar, S2
CULLEN, Charles Albert, S2
WILLARD, Henry Kellogg, II, S2
CODY, Charles Lewis, S2
GATULIS, Joseph William, GM2
WILLS, Scott William, Cox
DROUIN, Leo Willie, WT3
ROY, Henry Napoleon, F2
ROOT, Gordon Harvey, F2
HAMM, Robert Lee, WT3
DUNNE, James Louis, WT3
Lt. (jg) George Kensley LEITCH
BRENNER, William Ernest, WT3
WOLLETT, Clair «C,» WT3

BIRCH, George Bobby, WT1
NICHELSON, Jack Alexander, WT1
STEWART, Robert Charles, CB
SWANSON, Robert Walter, WT2
MURPHY, Rex Gluck, B3
STRATTON, John Ross, F1
VAUGHN, William Thomas, AMM2
LARSEN, Stephen Lorang, S2
MOLLETI, Samuel Wesley, S1
FRIEND, Alon Louis, S2
HANDROP, Jack Corbet, S1
HANNA, Isom (n), S2
HAND, John Willard, AMM3
BERGIN, Kyran Francis, AMM2
THOMAS, Earl Roy, Jr., RdM1
HAMPTON, John Emmitt, OM2
CORLISS, Wayne Albert, S1
GRAVES, Earl Eugene, AMM2
CUBA, Henry Arthur, Jr., S1
SHERWOOD, John (n), S1
LITTLEFIELD, Dewey Carl, S2
JACOBS, Harold Wilbury, S1
MARQUESS, Lawrence Calvert, S1
LUDLOW, Myron Edward, S1
SNYDER, Harold Thomas, S2
BONINE, Donald Leander, S2
FINNEY, Charles Fenton, Jr., S1
GLASBERG, Irving (n), S1
Lt. Harry Woods ARTZ
Lt. John Vincent HEDDELL

Ch. Electrician Arthur Hinsen HOFFNER
Ch. Electrician Joseph Jacobs WOLFE
Ch. Machinist Edwin August
 SCHWENKNER
Mach. Albert Louis HEAD
Mach. George EDE, Jr.
Ens. Clyde «T" MASSEY
Ens. Rudolph Ernest SCHMALZ
Ens. William Birch HAYLOR
Lt. (jg) Robert Thomas CONNOLLY
Mach. Allen Garfield ENSIGN
Ens. John Reilly TUCKER, Jr.
THOMAS, Harold Leslie, F1
YEARICK, Robert Day, F1
ANDREWS, Robert Frederick, EM1
DYICKANOWSKI, Andrew (n), MM2
Lt. (jg) Kenneth Paul ROCKHILL
CROFF, Donald Eugene, F1
WAYMAN, Ronan Edward, MM1
COLE, Frederick Thomas, F2
KNOELLER, William Warren, WT3
BARNES, Franklyn Ralph, MM3
KRAUSE, Leonard Robert, F2
LA ROLE, Arthur Dorsey, F1
HUTTON, Stanley Richard, F2
DRESSEL, William Richard, F1
LUPTAK, Louis William, F1
FREEK, George Marshall, Jr., F2
FRANDLE, Gerald Truman, F2
COLLUM, James Harold, F2

HARRIS, James Samuel, F2
LONG, James Moore, WT3
GILES, Raymond Gerald, WT3
McRAE, Donald Elliott, WT2
LEIPEL, Clayton Buford, WT3
PERSONEN, Veikko William, WT3
HARRIS, James Houston, F2
FURROW, John Harry, F2
WEBSTER, Hubert Cread, F2
BRYANT, Mathew William, F2
ADELSON, Albert (n), WT3
HALL, Stanley David, WT1
WHITE, John Montague, WT2
PETRUNYAK, Emery Louis, F1
OXFORD, John Marvin, F2
ROACH, John Marvin, F2
BLACKWELL, Ralph (n), F2
HALL, Leonard Melford, WT2
MAGEE, Paul Leland, MM1
ELLIS, Lean Stanley, MM1
RICCHETTI, Paul Anthony, MM2
MOSES, Benjamin (n), WT2
SIEBOLD, Donald Alfred, WT3
WEINLEY, Harold DeWayne, F1
ST. PETERS, Robert Edward, EM3
Lt. Peter T. MASON (HC)
Lt. Ross E. W ALES
Lt. (jg) Harold W. RICHARDSON
Ens. Harrison D. MITCHELL
SEVERSON, Royal Roscoe, SKI

Lt. Melvern C. WOOKBURN
Lt. Donald J. FITZGERALD
Lt. William McGUIRE
Lt. Donald G. BILLINGTON
Lt. Joseph F. McMEEL
RIZZI, Vito (n), SK1

Este libro, *Yo fui capellán del* U.S.S. Franklin,
se terminó de imprimir el 3 de diciembre de 2024,
festividad de San Francisco Javier.